China

Vergangenheit · Gegenwart · Zukunft

terra magica

INHALT

SEBASTIÃO SALGADO
Vorhergehende Seiten
Arbeiter in einem Café in der Innenstadt
SHANGHAI, 1998

ANIU
Gegenüberliegende Seite
Ein gut gekleideter Pekinese
SHENZHEN, PROVINZ GUANGDONG, 2001

CHARLES OMMANNEY

Ein Bauer bringt frühmorgens seine Erzeugnisse zum Markt.

PINGYAO, PROVINZ SHANXI, 2006

MERL LA VOY

Frau Chiang Kaishek

SHANGHAI, 1933

MARK HENLEY

Training in der Shaolin-Kampfkunstschule

PROVINZ HENAN, 2004

L'LS

RAYMOND GEHMAN

Bau eines Schwimmbads mit Kuppelgewölbe

QINHUANGDAO, PROVINZ HEBEI, 1999

草莓

DAVID BUTOW

Verkäuferinnen in einem Süßwarenladen in der Altstadt von Shanghai

SHANGHAI, 2006

EINLEITUNG

Wie gelangt man in das Herz Chinas? Oder anders ausgedrückt, woher weiß man, wann man dort angekommen ist? Früher war die Geschichte eine Hilfe und darüber hinaus Kenntnisse der Geografie. Doch nun zerrinnen die geografischen Gewissheiten angesichts der schieren Größe der Projekte, die das Reich der Mitte in Angriff genommen hat: Im heutigen China durchqueren und durchdringen Eisenbahntrassen eine der höchstgelegenen Regionen der Welt auf ihrem Weg nach Tibet; die Schluchten des mittleren Jangtse – einst ein Wunderwerk der Natur, in Versen gepriesen und Maßstäbe setzend, die Ufer ausgetreten von den Füßen unzähliger Wanderer – verschwinden vor unseren Augen; die Reisfelder und Obstgärten werden unter dem Gewicht des Betons begraben, der als Fundament für die neuen Hochhausstädte, Schnellstraßen und Flughäfen dient. Wo sind sie geblieben, die einstigen Wahrzeichen Chinas – das alte Hongkong, die Provinz Anhui, Shenyang, Shanghai? Wo sind unsere Orientierungspunkte, unsere geografischen Wegweiser?

Was die Geschichte angeht, so sieht die Kommunistische Partei Chinas, ehemals vertrautes Führungsorgan, wenig oder gar keinen Erklärungs- oder Nachforschungsbedarf, während unsere Kollegen im Westen dringend empfehlen, alle »Meistererzählungen« zu vermeiden, sodass unsere Geschichten den roten Faden verlieren und unsere Fähigkeit, den Dingen auf den Grund zu gehen, versagt. Wer sind diese Familien, die uns eindringlich mustern, auf Schwarz-Weiß-Fotos verewigt, mit größter Sorgfalt gekleidet, ruhig und ausgeglichen, bereit – wie es scheint –, ihr Schicksal selbst in die Hand zu nehmen? Warum hungern so viele Kinder in den Kleinstädten, in die es sie verschlagen hat? Wer sind die jungen Mädchen, die in Reih und Glied, die Arme in die Seiten gestemmt, im Gleichschritt zu einer Melodie marschieren, die wir nicht hören können?

Einer der größten Vorteile Chinas war für viele Generationen von westlichen Beobachtern die augenscheinliche Zugänglichkeit des Landes, trotz seiner enormen Größe; gleichermaßen erfreulich war die Tatsache, dass es dort klare Regeln und Vorschriften gab, dass Herrscher und Untertanen ihren angestammten Platz hatten und dass sich das Reich der Mitte trotz aller Gegensätze zu einem harmonischen Ganzen zusammenfügte. Auch wenn sie wussten, sie würden niemals alles zu Gesicht bekommen, hatten Beobachter das Gefühl, genug vom Land

Internationale Grenze
Provinz-Grenze
Umstrittene Grenze
Die Große Mauer
Hauptstadt
Ausgewählte Städte (nach Bevölkerung)
Geografische Begriffe
Pendi .... Becken
S.V.Z. .... Sonderverwaltungszone
Shamo .... Wüste
Shan .... Gebirge
0 100 200 300 400
Kilometer
0 100 200 300 400
Meilen
RUSSLAND
KASACHSTAN
ALTAI-GEBIRGE
MONGOLEI
GOBI
MANDSCHUREI
HEILONGJIANG
Harbin
Acheng
Songhua
Changchun
JILIN
Xilinhot
INNERE MONGOLEI
LIAONING
Shenyang
Anshan
Benxi
Liaoyang
Yalu
NORD-KOREA
SÜD-KOREA
JAPAN
GELBES MEER
TIAN SHAN
KIRGISISTAN
Ürümqi
Turpan
XINJIANG UIGUR
TARIM PENDI
Taklamakan Shamo
TADSCHIKISTAN
AFGHANISTAN
PAKISTAN
Gasherbrum II (8035m)
KUNLUN SHAN
HIMALAYA
INDIEN
TIBETISCHE HOCHEBENE
CHINA
QINGHAI
Kulun Shankou
Tongren
Xining
Lanzhou
GANSU
Wuwei
NINGXIA
Baotou
Datong
Pianguan
Beijing (Peking)
Qinhuangdao
Dalian
Tianjin (Tientsin)
HEBEI
Gaoyang
Wu Qiao
Taiyuan
SHANXI
Pingyao
Panlong
Fen
Yan'an
SHAANXI
Xi'an
SHANDONG
Laiwu
Huanghe (Gelber Fluss)
Zhengzhou
Songxian
HENAN
JIANGSU
Huaiyang
Bengbu
Fengyang
Zhenjiang
Yangzhou
Nanjing
Huai
Hefei
ANHUI
Suzhou
Shanghai
Songjiang
SHANGHAI
Haining
Hangzhou
Siming Mts.
Ningbo
OST-CHINESISCHES MEER
XIZANG (TIBET)
Lhasa
NEPAL
Mount Everest (8850m)
Yarlung Zangbo (Brahmaputra)
BHUTAN
BANGLADESCH
MYANMAR (BURMA)
Lancang (Mekong)
Nu (Saluen)
SICHUAN
Chengdu
Chongqing
CHONGQING
Fengdu
HUBEI
Hankou
Drei-Schluchten-Damm
Wuhan
Chang Jiang (Jangtse)
Xianju
ZHEJIANG
Wenzhou
Dongting Hu
Liuyang
HUNAN
JIANGXI
Yulongxue Shan (5596m)
Jinsha (Jangtse)
GUIZHOU
Leishan
Rongjiang
Dali
Baoshan
Dian Chi
Kunming
YUNNAN
Guilin
Yangshuo
GUANGXI
FUJIAN
Quanzhou
Xiamen (Amoy)
Taiwan-Strasse
TAIWAN
GUANGDONG
Shantou (Swatow)
Guangzhou (Kanton)
Dongguan
Shenzhen
Panyu
Jiulong (Kowloon)
Macao
Hongkong
HONGKONG (XIANGGANG), S.V.Z.
Zhu Jiang (Perlfluss)
MACAO (AOMEN), S.V.Z.
VIETNAM
LAOS
Golf von Tonkin
HAINAN
SÜDCHINESISCHES MEER
PHILIPPINEN
TAIWAN
Die Volksrepublik China beansprucht Taiwan als ihre 23. Provinz. Taiwans Regierung (Republik China) behält sich vor, dass es zwei politische Einheiten gibt.

gesehen zu haben, um es zu verstehen, und dass nichts ungesagt bleiben musste. Und so konnten sie bestimmte Bausteine des Puzzles herausgreifen, nach eigenem Gutdünken interpretieren und die Lücken mithilfe ihres Vorstellungsvermögens füllen.

Nun, da wir uns dem Ende der ersten Dekade des 21. Jahrhunderts nähern, steht China ausländischen Möchtegern-Beobachtern in einem nie da gewesenen Ausmaß offen. Allein die Möglichkeiten, vor die wir uns gestellt sehen, sind atemberaubend und folglich sind wir versucht, willkürliche Beurteilungen anzustellen, uns ausschließlich auf vergleichende Aussagen und Ungereimtheiten zu berufen, um die Geschichte Chinas zu erzählen: von den Wolkenkratzern und Abfallhaufen, den Huren und Tempeln, den Gitterfenstern und Bulldozern und den Tanzstunden in der Dunkelheit.

In seinem geistreichen Roman »Citizen of the World«, Mitte des 18. Jahrhunderts entstanden, schrieb der irische Schriftsteller Oliver Goldsmith über einen imaginären chinesischen Besucher in London, der seinem zu Hause gebliebenen Freund erzählt, dass es den ehrgeizigen englischen Pädagogen beinahe gelungen wäre, »mich mit ihren logischen Argumenten meiner Heimat zu entfremden«. Das ist eine wunderbare Beschreibung der selbstzentrierten Denkweise, die wir als »Aufklärung« bezeichnen, doch in unserer heutigen Zeit müssen wir uns mit einer anderen Seite dieses Aphorismus auseinandersetzen: Es gilt zu begreifen, wie sich die Chinesen mit logischen Argumenten ihrer eigenen Geschichte und Kultur, ihren eigenen Traditionen und ihrem eigenen geordneten Weltbild zu entfremden scheinen.

Für einen engagierten Beobachter wie mich stellt die Fotosammlung in diesem Bildband ein wunderbares Kaleidoskop aus vertrauten und unbekannten Aspekten Chinas dar. Ein paar der Fotografien wurden zu Symbolen einer längst vergangenen Zeit, die meisten sind jedoch neu, bisweilen schockierend in ihrer schonungslosen Aufrichtigkeit und Unvorhergesehenheit. Insgesamt wirken sie aufrüttelnd, in positivem Sinn: Sie schrecken uns aus unserer Selbstgefälligkeit auf, enthüllen die Lücken in unserem Wissen und Verständnis, stellen Klischees infrage, motivieren uns, wahrhaftige Schönheit von schrillen äußerlichen Reizen zu trennen, zwischen Oberflächentextur und tieferer Botschaft zu differenzieren.

Diese Fotografien haben trotz aller Unterschiedlichkeit eines gemein. Jede einzelne repräsentiert eine Etappe auf dem ehrgeizigen und oftmals schmerzlichen Weg in die weite Welt, einem langen Marsch, auf den sich China im Lauf des letzten Jahrhunderts begeben hat. Dieser Marsch umspannt die Periode von den letzten Lebensjahren der Kaiserinwitwe Cixi (die der Qing-Dynastie angehörte und 1908 starb) bis zu den bevorstehenden Olympischen Spielen 2008, die eine Sensation darstellen. Dieser hundertjährige Marsch hat China und die Chinesen mit Erfahrungen aus beinahe jeder von Menschen geschaffenen politischen Ordnung konfrontiert: gewählte

Volksvertretung, Wiedereinführung der Monarchie, Zerfall des Reichs in Machtzentren mit despotischen, unberechenbaren Warlords, Aufstieg eines nationalistischen Einparteienstaates, die Demütigungen und Gräuel der lange währenden japanischen Invasion, mörderischer Bürgerkrieg und 1949 die Geburt eines neuen Einparteienstaates (dieses Mal marxistisch-leninistischer Prägung). Und dieser Staat hat wiederum zahlreiche Richtungswechsel zu verzeichnen: Auf das stalinistische Modell mit rigider zentraler Kontrolle über Landwirtschaft, Industrie und Kultur folgten eine extremistische Periode der revolutionären Experimente mit Zwangskollektivierung, erbitterte interne Machtkämpfe während der Kulturrevolution und die Wirren einer zunächst ungeplanten und sich immer noch entwickelnden postmaoistischen Welt »des Kapitalismus mit sozialistischen Merkmalen«, über die – mit unterschiedlicher Effektivität – Deng Xiaoping und seine Nachfolger den Vorsitz führen.

Es verwundert nicht, dass China nach diesem turbulenten Jahrhundert noch heute um seine Identität ringt. Der neue Wohlstand, den einige Millionen Chinesen genießen, ist eng verknüpft mit der neuen Armut, der ebenfalls Millionen zum Opfer gefallen sind. Dem Heer der Börsenspekulanten mit ihren Handys und Luxusautomobilen steht ein gleich großes Heer von Wanderarbeitern gegenüber, die in Barackensiedlungen leben. Vibrierende Großstädte werden aus dem einst fruchtbaren Ackerland gestampft, breiten sich in unersättlicher Gier immer weiter aus, verschlingen knappe Ressourcen wie Brennstoff und Wasser. Die chinesische Regierung, die ihren Besitzanspruch aus den (vage definierten) kommunistischen Wurzeln herleitet, kämpft erfolglos gegen die Natur- und Umweltschäden, den fallenden Grundwasserspiegel, die chemisch verunreinigten Flüsse, den sauren Regen, die erodierten Berge. Die sogenannten ethnischen Minderheiten an Chinas Peripherie lassen sich in ihrer traditionellen Tracht vor den Karren einer Vergnügungsindustrie spannen, die aus neureichen chinesischen Touristen besteht. Ein kunterbuntes Sammelsurium westlicher Modeartikel füllt die Schaufenster der Geschäfte, die chinesische Volksmusik hat Mühe, ihre eigene Stimme zu finden. Moderatoren von Singleshows bemächtigen sich der einsamen Herzen der Verklemmten und Gehemmten in ihren Radioshows und Plakat- und TV-Werbung sind darauf bedacht, einen gewinnträchtigen Konsens mit dem Verbraucher herzustellen.

Das alles – und noch viel mehr – begegnet uns auf dem Weg in das Herz Chinas. Wohin dieser Weg letztendlich führt, lässt sich nicht absehen. Doch wie spannend und facettenreich er ist, geht aus den Fotografien in diesem Buch hervor. Es überrascht wohl kaum, dass es keinen offenkundigen gemeinsamen Nenner gibt, der das breite Spektrum der Aufnahmen zu einer Einheit zusammenfasst: Das ist weder zu erwarten noch wäre es wünschenswert, denn schließlich befinden wir uns noch am Anfang dieser ganz spezifischen Geschichte.

Das Land

AURORA
KYOCERA

Der erste Eindruck von China gleicht oft dem Bild, das von der traditionellen chinesischen Malerei oder Dichtkunst verewigt wurde: Die von Nebel umhüllten, zerklüfteten Gipfel des Huangshan-Gebirges im Südosten des Landes oder die spektakulären Seen und Wasserfälle von Jiuzhaigou im Südwesten wirken vertraut. Das Land hat viele Facetten, wie zum Beispiel die kargen Hochebenen und Wüstenlandschaften im Nordwesten zeigen, die immer noch von Kamelen durchquert werden und uns in die Blütezeit der Seidenstraße zurückversetzen. Und die Große Mauer – von vierhunderttausend chinesischen Fronarbeitern erbaut, in die Flanken der Berge gestanzt, quer durch die Wüste gezogen und annähernd sechstausend Kilometer der nordchinesischen Region umspannend – ist nach wie vor das bekannteste, augenfälligste Symbol Chinas.

Bei genauerem Hinsehen gewinnen wir allerdings einen völlig anders gearteten Eindruck. Lichtdurchflutete Großstädte mit bonbonfarbenen Wolkenkratzern beherrschen die Silhouette an der chinesischen Ostküste, zollen dem wachsenden Wohlstand des Landes Tribut. Neue Monumente, die von Chinas Ruhm und Ehre künden, wie das Olympiastadion, schießen wie Pilze aus dem Boden. Infrastrukturprojekte von gigantischem Ausmaß, dem Beispiel des Drei-Schluchten-Damms folgend, verwandeln die Geografie von Grund auf. Und überall sprenkeln Tausende von Fabriken das Land; sie sind der Motor, der Chinas zunehmende Wirtschaftsmacht antreibt, aber auch eine Herausforderung für die Fähigkeit der natürlichen Ressourcen Erde, Wasser und Luft, ein dermaßen rasantes Wachstum zu verkraften.

Doch solche Bilder liefern nur einen oberflächlichen Eindruck von diesem weitläufigen, vielschichtigen Land, seiner Geschichte, seinen Menschen und Kulturen. Der Wandel, der in China stattgefunden hat und sich auch weiterhin fortsetzt, vermittelt uns ein wesentlich fundierteres Wissen, bezieht die breiter gefächerten sozialen Strömungen und nachhaltigen Ereignisse mit ein. Die Wechselwirkung zwischen den Bewohnern des Landes und ihrem Lebensraum veranschaulicht nicht nur eine reiche und turbulente Vergangenheit, sondern auch eine vibrierende und bisweilen chaotische Gegenwart sowie eine spannende Zukunft, die zahlreiche Herausforderungen mit sich bringen wird.

China ist ein Land mit einer auffallend vielseitigen Geografie und Temperaturen, die zwischen arktischer Kälte und tropischem Klima rangieren. Die Tibetische Hochebene im Südwesten des Landes befindet sich mehr als viertausend Meter über dem Meeresspiegel; ihre Gletscher speisen zwei der längsten Flüsse der Welt, den Jangtse und den Huanghe – den Gelben Fluss. In den zentralen und südlichen Regionen des Landes, in Provinzen wie Yunnan und Sichuan, ist die überwiegend grüne Landschaft reich an Wäldern und mit malerischen Bergschluchten, Wasserfällen und Flüssen durchsetzt. Das Flachland im Norden bietet ein völlig gegensätzliches Bild: Hier sind Wasserknappheit, Grasland und die weitläufige, sich ausdehnende Wüste die beherrschenden Elemente. Niedrige Hügel und weite Ebenen definieren einen Großteil der dicht bevölkerten zentralen Bereiche und Küstenregionen Chinas; sie unterstützen die ertragreiche Landwirtschaft und blühende Industrie des Landes.

Doch auch diese Beschreibung ist nur eine Momentaufnahme. Chinas Industrie entwickelt sich fortwährend, manchmal kaum sichtbar, manchmal auf dramatische Weise. Im Verlauf der Jahrhunderte hat das chinesische Volk die Beschaffenheit des Landes nachhaltig geprägt und die ehemals reich bewaldeten Gebiete gerodet, sodass sie auf eine Fläche von weniger als zwanzig Prozent geschrumpft sind. Es gab sieben mächtige Flusssysteme, von denen zwei, der Gelbe Fluss und der Jangtse, das ganze Land durchquerten und herkömmlicherweise genug Wasser führten, um das chinesische Volk und das Ackerland mit Wasser zu versorgen. Heute können sich die Menschen nicht mehr darauf verlassen, dass der Gelbe Fluss das Meer erreicht, und in vielen Regionen ist Wasser Mangelware. Auch das Ackerland, dessen Fruchtbarkeit in alten Schriften gerühmt wurde, hat sich nun zu

FERNANDO MOLERES
Vorhergehende Seiten
Blick über den Huangpu-Fluss vom Bund; im Hintergrund Pudong, der Finanzdistrikt der Stadt.
SHANGHAI, 2004

einem Viertel in eine Wüste verwandelt, die jedes Jahr Zehntausende Umweltmigranten hervorbringt.

Um das ganze Ausmaß des Wandels in China zu verstehen, muss man sich die Geschichte der verheerenden Kriege, die territorialen Konsolidierungsversuche, den Druck der Bevölkerungsexplosion und die gnadenlosen Modernisierungsbestrebungen vor Augen führen. China wurde zu einem unfreiwilligen Teilnehmer in einem Teufelskreis aus Wirtschaftsentwicklung, Umweltzerstörung, sozialer Entwurzelung, Unruhen und oftmals gewaltsamer politischer Veränderungen.

Schon bei der Einführung des ersten zentralisierten Staatswesens, während der Qin-Dynastie im Jahre 221 v. Chr., bemühten sich die Herrscher, das Gesicht des Landes zu verändern, um ihre Macht zu festigen, ihr Volk zu ernähren und die Wirtschaft voranzubringen. In Kriegszeiten wurden Berghänge und Weideland verwüstet, um Erze zu gewinnen, aus denen man Speere, Kanonen und Rüstungen fertigte. In Friedenszeiten wurden die Wälder abgeholzt und die Feuchtgebiete in Ackerland umgewandelt.

Die verzweifelte Suche nach Möglichkeiten, eine große und wachsende Bevölkerung zu ernähren – Ende des 17. Jahrhunderts lebten in China bereits hundert Millionen Menschen –, und die vorsintflutlichen Ackerbaumethoden führten zu einer dramatischen Verschlechterung der Bodenbeschaffenheit und einer um sich greifenden Entwaldung. Die Bauern ließen die Erde brachliegen, wenn sie nicht mehr genug Erträge lieferte, und zogen in neue Gebiete weiter, die sie rodeten, ein Prozess, der zu verheerenden Überschwemmungen und zur Versteppung beitrug. Der Gelbe Fluss, der während der Ming-Dynastie (1368–1644) alle zwei Jahre und während der Qing-Dynastie jedes Jahr über die Ufer trat, wurde seinem Ruf als »Chinas Sorgenkind« gerecht. Zur gleichen Zeit, im 18. Jahrhundert, wurden weitläufige Gebiete im Norden und Nordwesten des Landes unter Sand begraben, als sich die Wüste erbarmungslos nach Osten auszudehnen begann.

Um 1900 lieferte der Niedergang des imperialen China und der allmähliche Aufstieg der chinesischen Kommunisten neue Impulse, die Geografie des Landes nachhaltig zu verändern. Mao Zedong, Sieger zahlreicher Fraktionskämpfe in der Partei und Chinas Führer von den Fünfziger- bis zu Beginn der Siebzigerjahre des 20. Jahrhunderts, zettelte einen »Krieg gegen die Natur« an, wie der Historiker Rhoads Murphy es zutreffend bezeichnete. In dem Bemühen, den kapitalistischen Westen volkswirtschaftlich einzuholen und zu überholen, nötigte er die Bauern zu einer spektakulären Steigerung ihrer landwirtschaftlichen Erträge mithilfe fragwürdiger Ackerbaumethoden. Diese Kampagne, der »Große Sprung nach vorn«, hatte die Vernichtung von Wäldern und Feuchtgebieten im ganzen Land zur Folge und führte zu einer Hungersnot, der Millionen von Chinesen zum Opfer fielen.

Chinas Führung brachte außerdem eine »Dritte-Front-Politik« auf den Weg, um sich gegen eine Invasion aus dem Westen zu wappnen, die nie erfolgte. Sie siedelte die strategisch wichtigen Schwerindustrien in das Landesinnere um, wobei unberührte Lebensräume zerstört und durch Schadstoffe belastet wurden.

Gleichzeitig rief Mao das chinesische Volk auf, Schmelzhütten zu bauen und Stahl in Hinterhof-Öfen herzustellen. Schätzungen zufolge wurden zehn Prozent der Wälder abgeholzt, um die Öfen zu befeuern. Während dieser Zeit erreichte auch die Umweltverschmutzung astronomische Ausmaße und Chinas erster Umweltminister Qu Geping berichtete, dass Beijing, eine Stadt, in der früher »nicht einmal Bleistifte hergestellt wurden«, »mit siebenhundert Fabriken und zweitausend Hochöfen aufwarten kann, die Ruß in die Luft blasen«.

Heute unterliegt die chinesische Geografie abermals einer tief greifenden Transformation. Überall im Land werden Berge planiert, Flüsse umgeleitet und Dämme errichtet, um den Anforderungen eines Urbanisierungsprozesses gerecht zu werden, der die chinesische Gesellschaft in den kommenden Jahrzehnten von Grund auf umgestalten wird. Zwischen dem Jahr 2000 und

2020 rechnet die chinesische Führung mit einer Umsiedlung von dreihundert Millionen Menschen – dies entspricht in etwa der Gesamteinwohnerzahl der USA – in urbane Zentren. In den neuen Städten, angefüllt mit Kränen und Baustaub, verzeichnen Wolkenkratzer, europäische Boutiquen und amerikanische Fast-Food-Restaurants ein explodierendes Wachstum. Die Vorstädte breiten sich mit ihren geschlossenen Wohnanlagen, hinter denen sich weitläufige Anwesen, Privatseen und Golfplätze verbergen, unaufhaltsam aus.

Chinas Führung verändert die Geografie des Landes, nicht zuletzt in dem Bestreben, neue ökonomische und politische Allianzen zwischen den verstreuten und oft miteinander konkurrierenden Provinzen zu schmieden. Mehr als achtzigtausend Kilometer befestigte Straßen werden gebaut, um selbst die entlegensten Winkel des Landes miteinander zu verbinden. Sie verlaufen kreuz und quer durch den Osten und Westen, Süden und Norden und drücken dem Land den unauslöschlichen Stempel des Fortschritts auf.

Eine Reihe weiterer gigantischer Infrastrukturprojekte verspricht eine Verlagerung der geografischen und wirtschaftlichen Grenzen. Der Drei-Schluchten-Damm am majestätischen Jangtse-Fluss – ein monumentaler Tribut an die Vision von Generationen chinesischer Führer, angefangen beim Gründer der Republik Sun Yat-sen – befindet sich im Südwesten des Landes und liefert Energie bis Shanghai, weit im Osten. Ähnliche Wasserkraftprojekte in der Provinz Yunnan versorgen die boomende Industrie von Guangzhou, Tausende von Kilometern entfernt, mit Energie.

Auch die soeben fertiggestellte Eisenbahnlinie zwischen Qinghai und Tibet, die Hochebenen teilt und sich in Tunneln durch Berge gräbt, spiegelt den Wunsch wider, Handel und Tourismus in Chinas ärmeren westlichen Regionen zu fördern, aber gleichzeitig auch das anhaltend problematische Tibet konkreter und unauflösbarer an die Regierung in Beijing zu binden.

Chinas jüngster Konstruktionsgigantismus ist die Wasserumleitung von Süd- nach Nordchina. Bei diesem Projekt, das erst in einigen Jahrzehnten abgeschlossen sein wird, soll mithilfe von drei großen Kanälen Wasser aus dem Jangtse in den Norden nach Beijing, Tianjin und Hebei abgeleitet werden. Gemeinsam werden diese Kanäle, ausgehend von bestimmten Punkten am Jangtse, vierundvierzig Milliarden Kubikmeter Wasser in die verstreuten nördlichen Provinzen transportieren – mehr als das doppelte Volumen, das durch den Colorado River fließt.

Eine solche Metamorphose hat ihren Preis. Kleinstädte und Dörfer werden dem Erdboden gleichgemacht, um Raum für eine moderne Welt zu schaffen, die Annehmlichkeiten wie fließendes Wasser, Elektrizität und gepflasterte Straßen verheißt. Doch damit werden auch jahrhundertealte Geschichten, die sich in den alten Steinhäusern und den von terrassierten Feldern umgebenen Bauerngehöften verbergen, ein für alle Mal ausgelöscht.

Außerdem hat diese Entwicklung in großem Maßstab zur Folge, dass immer mehr Energie erzeugt werden muss, um den Wachstumsmotor des Landes in Gang zu halten. Die chinesischen Stadtbewohner verbrauchen jetzt schon zweieinhalbmal so viel Energie wie die ländlichen Bewohner. China errichtet jede Woche ein neues Kohlekraftwerk, um die zunehmende Nachfrage zu decken. Das Land wird kurzerhand enteignet – oft illegal und mit wenig Rücksicht auf landwirtschaftliche Erfordernisse oder den Umweltschutz – , um neue Ballungszentren und neue Industrien aus dem Boden zu stampfen, die Ressourcen-intensive Einsatzgüter erfordern wie Stahl, Nutzholz und Zement. Überall in China hinterlässt der Kahlschlag seine Spuren, während sich die Kohlebergwerke rasant vermehren und die Suche nach weiteren Mineral- und Erzvorkommen, die das Wirtschaftswachstum anheizen, fieberhaft fortgesetzt wird.

Der größte Schaden, den dieses weitläufige geografische Experiment anrichtet, wird jedoch erst allmählich bekannt. Land und Ressourcen signalisieren zunehmend ihre Unfähigkeit, einem derart geballten Angriff standzuhalten. Die Wasserressourcen füllen sich nicht schnell genug auf, um das ungebremste Wachstum zu unterstützten. Seen und Flüsse verdunsten in der Provinz Qinghai, die annähernd fünfzig Prozent des Wassers für den Gelben Fluss und zweihundertfünfundvierzig Prozent für den Jangtse liefert; mehr als zweitausend Seen sind in den letzten Jahrzehnten ausgetrocknet. Sechzig Millionen Menschen haben Schwierigkeiten, genug Wasser für den täglichen Bedarf herbeizuschaffen. Groß- und Kleinstädten in Chinas wohlhabenden Küstenregionen droht buchstäblich der Untergang, da sie Wasser von unterirdischen Bewässerungssystemen ableiten und somit ein gefährliches Absinken des Fundaments verursachen. In Xian, Heimat der Terrakotta-Krieger, hat der industrielle Sektor infolge des Wassermangels einen Produktionsverlust in Höhe von zweihundertfünfzig Millionen Dollar zu verzeichnen, wie von offizieller Stelle verlautet. Die Regierungsvertreter im ganzen Land machen sich Sorgen, dass sie nicht genug Wasser haben, um ihre Fabriken in Gang zu halten und das Wachstum der lokalen Wirtschaft zu gewährleisten.

Auch die Bodenqualität verschlechtert sich zusehends und kann dem wachsenden Nahrungsbedarf nicht mehr entsprechen. Da fünfundzwanzig Prozent des Landes faktisch Wüste sind und diese jedes Jahr um etwa fünftausend Hektar vorrückt, schrumpfen Grasland und fruchtbares Ackerland mit alarmierender Geschwindigkeit. Selbst Beijing macht sich allmählich Sorgen über die Wüste Gobi, die um sich greift und nur noch zweihundert Kilometer entfernt ist. Chinas traditionell große Biodiversität geht beinahe doppelt so schnell zurück wie der weltweite Durchschnitt.

Die mächtigen Flüsse des Landes und ihre Nebenflüsse wurden darüber hinaus in ein weit verzweigtes Kanalisationssystem für den »Abfall« umgewandelt, den die uneingeschränkte Entwicklung erzeugt. Mittelständische Unternehmen in Kleinstädten und Dörfern – das Rückgrat des rapiden Wachstums im ländlichen China – haben sich an den großen Flüssen und Nebenarmen angesiedelt. In Ermangelung strikter Umweltkontrollen leiten diese kleinen Produktionsstätten ihr Abwasser direkt in das nächstgelegene Gewässer. Mit ihren giftigen Schaumkronen gleichen diese trüben schwarzen und braunen Wasserwege heute nur noch selten dem malerischen Yuandang-See in der Hafenstadt Xiamen oder dem Li-Fluss, der durch Guilin fließt. Noch tragischer ist, dass inzwischen die Hälfte der Chinesen kontaminiertes Wasser trinkt. Überall in den Dörfern und Kleinstädten an den Flüssen und Nebenflüssen ist eine außergewöhnliche Zunahme von Krebs- und Tumorerkrankungen zu beobachten.

Doch es könnte noch schlimmer kommen. Die Zehntausende Tonnen schweren Gletscher der Qinghai-Tibet-Hochebene schwinden besorgniserregend, jedes Jahr um sieben Prozent. Es wird erwartet, dass die Feldfruchterträge bis 2030 um fünf bis zehn Prozent zurückgehen. Durch steigende Meeresspiegel infolge der globalen Klimaveränderungen könnten die Überschwemmungen in den Deltas des Gelben Flusses, Jangtse und des Perlflusses zunehmen; dadurch würden die reichsten und am dichtesten besiedelten Regionen des Landes in Mitleidenschaft gezogen. Der Veränderungsprozess scheint sich verselbstständigt zu haben.

China bewahrt einen Teil seiner spektakulären Naturschönheiten und weltweit größten Vielfältigkeit trotz des Tributs, den das Land für jahrhundertelange Kriege, Bevölkerungsdruck und rasante Wirtschaftsentwicklung zahlen muss. Doch die Fähigkeit, das Reservoir der natürlichen Rohstoffe wieder aufzufüllen, wird zunehmend in Zweifel gezogen. Die chinesische Führung und das chinesische Volk haben diese Herausforderung erkannt und begonnen, die Notwendigkeit einer neuen Problemlösungsstrategie in Erwägung zu ziehen. Es wird einiges an Weitsicht und Willenskraft erfordern, die Entwicklungsbestrebungen und die Beziehung zum Land umzukehren, die seit Jahrhunderten die chinesische Geschichte prägen. Erst im Verlauf des nächsten Jahrhunderts wird sich herausstellen, ob es China gelingt, bei der Entwicklung des Landes eine ebenso nachhaltige wie erfolgreiche Kursänderung vorzunehmen.

MICHAEL S. YAMASHITA

Die Große Mauer – aus verschiedenen monumentalen Teilabschnitten zusammengefügt – wurde im Verlauf der Jahrhunderte errichtet, um Eindringlinge abzuwehren.

UNWEIT BEIJING, 1998

MACDUFF EVERTON

Eine Brücke im Sommerpalast

BEIJING, 1997

BURT GLINN

Der Li-Fluss

YANGSHUO, AUTONOME REGION GUANGXI, 1980

GEORG GERSTER

Terrassierte Reisfelder umgeben ein traditionelles Dorf.

PROVINZ GUIZHOU, 2006

ROBERT GLENN KETCHUM

Stiller Augenblick am Wasser

HANGZHOU, PROVINZ ZHEJIANG, 1987

REINHOLD MESSNER

Aufstieg auf den Gasherbrum II

CHINESISCH-PAKISTANISCHE GRENZE, 1982

DAVID BUTOW

Junge Radfahrer auf dem Weg durch eines der alten chinesischen Dörfer.
PROVINZ ANHUI, 2001

Landleben: Grüne, terrassierte Berghänge, Weideland mit frischem Grün und malerische Dörfer sind nur einige der Bilder, die das ländliche China bei vielen Ausländern heraufbeschwört. In China sieht man diese Idylle jedoch aus einer ganz anderen Warte. Für die Stadtbewohner ist »Land« gleichbedeutend mit Monotonie, Armut, Bildungsmangel, Schmutz und politischer Schwäche. Obwohl sich China der Welt als einheitliche Front präsentiert, wird es zunehmend in eine Zweiklassengesellschaft gespalten: urban und ländlich, reich und arm. Mehrere zehn Millionen Wanderarbeiter bewegen sich zwischen diesen beiden Welten, doch die Familien, die sie zurücklassen, sehen sich einem Leben gegenüber, das ebenso schwierig wie perspektivlos ist. China hat weltweit die höchste Selbstmordrate unter Frauen, wobei in ländlichen Regionen die Einnahme von Schädlingsbekämpfungsmitteln die gebräuchlichste Suizidmethode darstellt. Im ländlichen China findet alles mit Verspätung statt – die Entwicklung der Infrastruktur, die Bereitstellung von Sozialeinrichtungen und die Einführung des Rechtsstaatsprinzips. Die Korruption in den Ämtern blüht, genau wie die soziale Unruhe. Zeitweilig beläuft sich die Anzahl der Dissidenten in den ländlichen Regionen auf Zehntausende von Menschen, die Chinas Führung und die wohlhabende Elite mit Nachdruck an ihre historischen Wurzeln und die überlieferte Rolle der Bauern als revolutionäre Vorhut erinnern. E.E.

ROBERT GLENN KETCHUM

Getünchte Wände und schwarze Ziegeldächer sind typisch für die Häuser in der Stadt Suzhou.

SUZHOU, SHANGHAI, 1987

SAMUEL BOLLENDORF

Industriezone in einer Provinzstadt

HEPINGCUN, 2006

FRITZ HOFFMANN

Ein Wanderarbeiter-Bautrupp hat sich vor dem Eingang eines Ladens eingefunden, um ein Video anzuschauen.

SHENYANG, PROVINZ LIAONING, 2005

开心加倍
是一个民族进步的灵魂
GIORDANO

DAVID BUTOW

Nanjing-Straße an einem regnerischen Abend

SHANGHAI, 2006

Stadtleben: Die Urbanisierung von mehreren Hundert Millionen Menschen ist ein chaotischer Prozess. Überall liegt Baustaub. Ein rotes X ist auf die Wände von Gebäuden gesprüht, die zum Abriss bestimmt sind. Riesige Baugruben wechseln sich mit brandneuen Büro- und Wohnkomplexen ab. Ringstraßen umschließen die neuen Städte, eine über der anderen errichtet, und dringen immer weiter in die ländlichen Regionen vor. Privatautos verstopfen die Straßen. Künstler- und Kulturkolonien entstehen, verschieben mit aller Macht die Grenzen des gesellschaftlichen Wandels. Geschäfte, Galerien und Restaurants füllen jede Lücke, um den Neureichen die erforderlichen Annehmlichkeiten und Luxusgüter zu bieten. Die Kriminalität nimmt zu. Die Migranten, die diese boomenden Städte erbaut haben, bleiben außen vor, bilden eine gesellschaftliche Randgruppe. Mit ihren unterschiedlichen Dialekten, ihrer von Wind und Wetter gegerbten Haut und der schäbigen Kleidung leben sie in armseligen Barackenvierteln, ohne die Chance, die Früchte ihrer Arbeit zu genießen. E.E.

MICHAEL WOLF

Jede Menge Essen bleibt übrig, nachdem eine kantonesische Familie ihr Sonntagsmahl beendet hat.

SÜDCHINA, 2000

DANIELE MATTIOLI

Blick auf die Straße durch das Fischbassin eines Restaurants

SHANGHAI, 2003

MACDUFF EVERTON

Blick von Kowloon über den Victoria-Hafen auf die Insel Hongkong

HONGKONG, 1998

MOTOROLA
Sheraton

PAUL CHESLEY

Fahrradverkehr vor einem riesigen Werbeplakat

SHANGHAI, 2000

上海

IAN BERRY

Entlang dem Jangtse-Fluss folgt ein Händler der alten Bergstraße, die seit Jahrtausenden in Gebrauch ist.
PROVINZ SICHUAN, 2002

Drei-Schluchten-Damm: Der Damm ist eine massive Zementstruktur, atemberaubend wegen seiner Größe und der technischen Konstruktionsleistung, die sich an Kühnheit kaum überbieten lässt. Er ist der größte hydroelektrische Staudamm der Welt, doch nur das jüngste in einer langen Reihe ähnlich pompöser Projekte, mit dem man nicht nur die Schifffahrtswege des Landes zähmen, sondern auch dem Ego der chinesischen Führung ein Denkmal setzen will. Der Damm wird mehr als achtzehntausend Megawatt Strom produzieren und Elektrizität aus dem Zentrum des Landes bis nach Shanghai im Osten des Landes liefern. Der Repräsentationswert des Damms ist unbestritten, doch die Konstruktion hat einige Probleme aufgeworfen, die noch ungelöst sind. Hunderttausende chinesischer Bauern, die aus ihren in den Fluten versunkenen Dörfern umgesiedelt wurden, finden weder Arbeit noch haben sie eine angemessene Entschädigung für den Verlust ihrer Anwesen und ihrer Einkommensquelle erhalten. Mindestens zwei nur im Jangtse beheimatete Fischarten sind inzwischen ausgestorben. Alte Kulturdenkmäler gingen für immer verloren, als das Staubecken geflutet wurde. Das Fehlen ausreichender Abfallentsorgungsanlagen lässt befürchten, dass sich das Staubecken bald in eine Jauchegrube verwandeln wird. Und das größte noch ungelöste Problem besteht möglicherweise darin, dass der Damm in den nächsten Jahrzehnten durch zunehmende Verschlammung des ehemals mächtigen Jangtse-Flusses nutzlos werden könnte. E.E.

EDWARD BURTYNSKY

Drei-Schluchten-Damm-Projekt,
Fengjie Nr.5

JANGTSE-FLUSS, 2002

EDWARD BURTYNSKY

Drei-Schluchten-Damm-Projekt, Damm Nr. 5

JANGTSE-FLUSS, 2005

JAMES WHITLOW DELANO

Oben

Ein Tagelöhner steigt zum Flussufer hinunter, das mit der dritten und letzten Staustufe geflutet wird.

CHONGQING, PROVINZ SICHUAN, 2003

Unten

Ein Bewohner von Wushan steigt die Trümmer der alten Stadt hinauf, während unter ihm die Abrissarbeiten fortgesetzt werden.

WUSHAN, PROVINZ SICHUAN, 2003

JAMES WHITLOW DELANO

Oben

Wanderarbeiter warten darauf, das von der Baggerschaufel ausgegrabene Metall zu säubern.

WUSHAN, PROVINZ SICHUAN, 2003

Unten

Ein Mädchen betrachtet sich im Spiegel, während Arbeiter ihr Elternhaus dem Erdboden gleichmachen.

WUSHAN, PROVINZ SICHUAN, 2003

ALESSANDRO DIGAETANO

Zum ersten Mal verbindet eine neue eintausendfünfhundert Kilometer lange Eisenbahnstrecke die Autonome Region Tibet mit dem Rest Chinas.

PROVINZ QINGHAI, 2003

Grenzregionen: Die Grenzprovinzen rund um Beijing stellen sowohl eine große Chance als auch eine große Herausforderung dar. Viele von ihnen, wie Yunnan, Xinjiang Uigur und die Innere Mongolei, sind reich an Ressourcen, die dringend benötigt werden: Nutzholz, Kohle, Erdgas und Mineralien. Gleichzeitig werfen sie prekäre politische Probleme auf. Hier leben zahlreiche ethnische Minderheiten, die nicht als Han-Chinesen gelten und sich ihre eigene Sprache, Kultur, Religion und Kleidung bewahrt haben, was in Beijing Sorge hinsichtlich ihrer politischen Loyalität verursacht. Man hat versucht, diese Provinzen durch Investitionen und Ansiedlung von Han-Chinesen enger an den Rest des Landes zu binden, um eine bessere Kontrolle zu gewährleisten. Doch heimlicher Groll und Widerstand wachsen, da Tibeter und Uiguren das Gefühl haben – zu Recht oder Unrecht, sei dahingestellt –, dass die Han-Chinesen die Ressourcen zugunsten der anderen Regionen ausbeuten und sich wirtschaftliche Vorteile verschaffen. Eine ähnliche Herausforderung macht sich auch jenseits dieser Grenzregionen bemerkbar. Myanmar, Kasachstan, Russland und die Mongolei haben sich als wichtige, rohstoffreiche Verbündete in Chinas Bemühen erwiesen, die rapide wachsende Wirtschaft unablässig anzuheizen. Die Grenzen werden immer durchlässiger, der grenzüberschreitende Handel floriert und auch die Grenzgänger wechseln problemlos hin und her. Doch die betroffenen Gemeinden fürchten, von einem großen, permanenten chinesischen Zuwandererstrom überschwemmt zu werden. Noch bedrohlicher ist der blühende illegale Handel mit Nutzholz, Drogen, Sex und Kindern, der im Schatten der zunehmenden legalen Wirtschaftsbeziehungen entsteht. E.E.

SHARRON LOVELL

Ein Nordkoreaner fischt am Ufer des Yalu-Flusses.

GRENZSTADT SINŬIJU, 2006

SHARRON LOVELL

Nordkoreanische Soldaten bewachen das Ufer des Yalu-Flusses.

SINŬIJU, 2006

REZA

Kasachische Hirten sehen einer Tänzerin zu, die anlässlich einer Beschneidungszeremonie im Altai-Gebirge auftritt.
XINJIANG UIGUR, 1996

REZA

Drei alte Männer trinken Tee im Uzum-Viertel von Turpan.
TURPAN, XINJIANG UIGUR, 1995

BENOIT AQUIN

Ein Hirte steht während eines Sandsturms in der Wuwei-Oase am Rande der Tengger-Wüste auf versengter Erde.

HEXI-KORRIDOR, PROVINZ GANSU, 2006

Versteppung: Da die Wüste Gobi inzwischen die Türschwelle von Beijing erreicht hat, arbeiten chinesische Wissenschaftler und Experten fieberhaft daran, dem gnadenlosen Verlust von fruchtbarem Acker- und Weideland entgegenzuwirken. Die Existenzgrundlage von einigen Millionen chinesischen Bauern steht auf dem Spiel. Ein weiteres Problem besteht darin, den unablässigen Strom der Migranten unterzubringen, die in die Küstenprovinzen im Osten des Landes abwandern, auf der Suche nach neuen Lebensformen und Verdienstmöglichkeiten. Wenn, wie jedes Jahr im Frühjahr, Sandstürme über Nordchina hereinbrechen, schließen Flughäfen, werden Straßen unpassierbar und versinken Häuser und ganze Dörfer buchstäblich im Sand. Der Versuch, dem Fällen von Bäumen zur Brennholzgewinnung Einhalt zu gebieten, nachhaltige Wiederaufforstungskampagnen und sogar das Verbot, in bestimmten Regionen Ackerbau oder Viehzucht zu betreiben, wurden als Gegenmaßnahmen auf den Weg gebracht. Die Wüste scheint dessen ungeachtet unwillig zu sein, ihren Kurs zu ändern. Es gibt jedoch auch eine positive Seite: Das chinesische Volk hat eine Möglichkeit gefunden, diese Widrigkeit des Schicksals in eine Chance zu verwandeln – der neueste Clou im Norden Chinas sind Sand-Themenparks für Touristen. E.E.

ALESSANDRO DIGAETANO

Die Tianmo-Wüste, erst in den letzten Jahren entstanden, rückt immer näher an Beijing heran. Besucher können auf Schlitten die Sanddünen hinunterrutschen.

PROVINZ HEBEI, 2006

ALESSANDRO DIGAETANO

Wetterspezialisten haben Chemikalien eingesetzt, um Regen und Blitze in Beijing zu beeinflussen, mit dem Ziel, Dürreperioden zu beenden und den Staub wegzuspülen.
BEIJING, 2006

BENOIT AQUIN

Mit einer Statue von Dschingis Khan im Hintergrund warten Fußgänger in der Stadt Xilinhot während eines Sandsturms an einer roten Ampel.

XILINGOL, INNERE MONGOLEI, 2006

Die Geschichte

Im Frühjahr 1895 versammelte sich ein großer Teil der intellektuellen Elite Chinas in Peking, um das alle drei Jahre stattfindende Palastexamen abzulegen, das zum Eintritt in den Staatsbeamtendienst berechtigte; die erfolgreichen Kandidaten wurden mit dem höchstmöglichen akademischen Grad, dem Gelehrtentitel *Jinshi*, ausgezeichnet. Zu dieser Zeit wurden die endgültigen, erniedrigenden Bedingungen des Vertrages von Shimonoseki bekannt, der den Sino-Japanischen Krieg von 1894–1895 beendete: Die Chinesen wurden als Verlierer zu einer Kriegsentschädigung von zweihundert Millionen Silbertael, zur Öffnung weiterer Handelshäfen und zur »dauerhaften« Abtretung von Taiwan gezwungen. Die jungen, zunehmend nationalistischen Examensteilnehmer waren entrüstet. Angeführt von dem brillanten, wenngleich emotionalen Kang Youwei verfassten sie eine Bittschrift an den Kaiser, in der sie ihn anflehten, den Krieg fortzusetzen und radikale Veränderungen im Land einzuleiten.

Diese Petition wies eine grundlegend moderne Komponente auf. Sie vereinigte die Themen von Nationalismus, Studentenaktivismus und Radikalismus, die für den größten Teil des kommenden Jahrhunderts die chinesische Politik beherrschten. 1898 erhielten Kang Youwei und seine gleichgesinnten Radikalreformer die Chance, ihre Ideen in der Praxis zu erproben, als der junge Kaiser Guangxu, zum damaligen Zeitpunkt erst vierundzwanzig Jahre alt, sich mit seinen Reformvorstellungen gegen die dominierende Präsenz seiner Tante, der konservativen Kaiserinwitwe Cixi durchzusetzen versuchte, indem er Kang und seine Mitstreiter an den Hof einlud. Der idealistische Kaiser erhoffte sich von ihnen das Konzept für eine rasche Modernisierung Chinas, doch als diese stattdessen eine Breitseite auf alles abfeuerten, was dem Fortschritt im Wege stand, vom Bildungssystem bis hin zur Organisation der Bürokratie und dem anhaltenden Einfluss der Kaiserinwitwe, wurde die Opposition übermächtig. Nach hundert Tagen sah sich Kang gezwungen, aus Peking zu fliehen, und die Reformbewegung kam abrupt zum Stillstand.

Während Kang die Muster der Vergangenheit von oben her zu verändern suchte, gründete der Arzt Sun Yat-sen, bis dato eher eine Randfigur in der traditionellen politischen Arena, verschiedene revolutionäre Organisationen; er war entschlossen, die Mandschu-Herrscher des Landes zu verweisen und die Demokratie in China einzuführen. Sun Yat-sens Bemühungen trugen 1911 Früchte, als eine Bombe vorzeitig in einem ausländischen Konzessionsgebiet der Stadt Wuhan explodierte; der Zwischenfall führte zur Abdankung des Kindkaisers Pu Yi, zur Errichtung einer Republik und zur Ernennung des Generals Yuan Shikai, der keine Verbindung zur revolutionären Bewegung hatte, zum ersten Präsidenten der Republik China.

Yuan Shikai verspürte keinerlei demokratische Regungen. Er war bestrebt, die Kontrolle der Zentralregierung zu konsolidieren, doch dann scheiterte er kläglich im Süden des Landes, wo die Revolution ihre stärksten Anhänger besaß, und beging außerdem den fatalen Fehler, die Monarchie wieder einzuführen und sich selbst zum Kaiser auszurufen. Die Provinzen begannen, ihre Unabhängigkeit zu erklären, und während des Bürgerkriegs, der daraufhin entbrannte, starb Yuan Shikai im Juni 1916. Auch sein Tod konnte die politischen Wirren, die folgten, nicht mehr verhindern. Da die dynastische Legitimität der Vergangenheit angehörte und die junge Republik in Scherben lag, bekämpften sich die militärischen Führer gegenseitig, machten sich Territorien und Besitztümer streitig, wobei Beijing als höchste Trophäe galt.

Innenpolitische Wirren, Imperialismus, radikaler Idealismus und populistische Passionen, in den höchst gegensätzlichen Reformansätzen von Kang Youwei und Sun Yat-sen zum Zeitpunkt der Jahrhundertwende zum Ausdruck gebracht, manifestierten sich in unterschiedlicher Form, als sich die alliierten Mächte nach Beendigung des Ersten Weltkriegs in Paris trafen. Trotz Woodrow Wilsons Aufruf zur »Selbstbestimmung«, verbunden mit dem Bestreben, »die Welt für die Demokratie sicher zu machen« – eine Inspiration für die junge chinesische Generation –, gaben die Entscheidungsträger den Forderungen Japans nach, die ehemals deutschen Gebiete in der Provinz Shandong nicht zurückzugeben, sondern der Verwaltung Japans zu unterstellen. Die bedrängten Warlords, auf japanische Anleihen erpicht, hatten in einem geheimen Protokoll »mit Freuden zugestimmt«, den Japanern diese Rechte zu übertragen. Als die Kunde von dieser Entscheidung nach China gelangte, gingen Studenten der Universität von Beijing auf die Straße, um zu protestieren. Die »Bewegung des vierten Mai«, wie diese Bewegung genannt wurde, ebnete den Weg für eine neue, breiter gefasste Welle des Nationalismus und Anti-Imperialismus. Die in Versailles getroffene Entscheidung schuf ungewollt eine Situation, in der Lenins Botschaft bei einer wachsenden Anzahl von Chinesen Gehör fand.

Angespornt von seinem Erfolg bei der Verbreitung kommunistischen Gedankenguts, begann Li Dazhao, Bibliothekar der Beijing-Universität, marxistische Studiengruppen zu gründen und sich eingehend mit dem Marxismus zu beschäftigen. Im Mai 1919, als die Studentenbewegung in vollem Gang war, veröffentlichte Li eine Abhandlung, in der er sich zum Marxisten erklärte und seine politischen Ansichten erläuterte. Zwei Jahre später wurde mithilfe der Sowjetunion die Kommunistische Partei Chinas gegründet. Mao Zedong, bereits ein erfahrener Aktivist in seiner Heimatprovinz Hunan, gehörte zu den dreizehn Delegierten, die an der Gründungsversammlung in Shanghai teilnahmen.

Die Bewegung des vierten Mai führte nicht nur zur Entstehung der Kommunistischen Partei Chinas, sondern auch zur Wiederbelebung der Nationalistischen Partei Sun Yat-sens. 1924 wurde diese, ebenfalls mit sowjetischer Hilfe, reorganisiert und die daraus resultierende Kommunistische Partei offiziell zugelassen. Die Komintern (Kommunistische Internationale) erklärte, China sei noch nicht ausreichend gerüstet für einen sozialistischen Umsturz und bis dieser Zeitpunkt gekommen sei, könne die KP die Nationalisten in ihren Bemühungen um eine »volksdemokratische« Revolution unterstützen. Chiang Kai-shek, der bald darauf den Vorsitz über die Nationale Volkspartei übernahm, wurde Oberbefehlshaber der neu gegründeten Militärakademie Whampoa, wo die Offiziere der neuen Streitkräfte ausgebildet wurden. Zhou Enlai, der spätere Ministerpräsident Chinas, wurde zum politischen Kommissar ernannt.

Der Zusammenschluss der Nationalen Volkspartei und der kleinen, aber energievollen Kommunistischen Partei sollte nicht von Dauer sein. Sun Yat-sen war es, der dieses sonderbare Bündnis zusammenhielt und als er 1925 starb, erreichten die Spannungen zwischen den beiden Parteien ihren Höhepunkt.

Die ersten offenen Auseinandersetzungen erfolgten, als Chiang Kai-shek und seine nationalistischen Truppen im Frühjahr 1927 Shanghai erreichten. Mithilfe der berüchtigten Geheimgesellschaften der Stadt leitete er eine »parteiinterne Säuberungsaktion« ein, der Kommunisten und vermeintliche Sympathisanten zum Opfer fielen. Die Anzahl der Toten belief sich auf zehntausend. Die »erste Einheitsfront« von Kommunisten und Nationalisten hatte ein blutiges Ende gefunden.

Chiang Kai-shek gewann diese Runde im Machtpoker. 1928 wurde in Nanjing (Nanking) die nationalistische Metropole errichtet, doch die Macht der neuen Regierung beschränkte sich auf ein halbes Dutzend Provinzen, vor allem in der unteren Jangtse-Region. Obwohl er die nationalistische Kontrolle allmählich ausbaute, gelang es ihm nicht, die Kommunistische Partei Chinas zu eliminieren. Nach der gewaltsamen Säuberung der Partei und verschiedenen militärischen Niederlagen zogen sich Mao Zedong und eine handverlesene Gruppe kommunistischer Führer in die unwegsamen Regionen der Jinggang-Berge im Süden der abgelegenen Provinz Jiangxi zurück. Dort entwickelten Mao und seine Genossen Guerillataktiken, mobilisierten das Volk in Bauernverbänden, hoben eine Armee aus und lernten, den Marxismus in die Realität des Landlebens zu integrieren. Als die Bewegung immer mehr Zulauf gewann und die in Shanghai lebenden kommunistischen Führer zunehmend unter Druck gerieten, verlegte die

Führungsspitze der Partei ihr Hauptquartier kurzerhand nach Jiangxi und schob Mao aufs Abstellgleis. Dieser Machtverlust könnte ihm politisch das Leben gerettet haben. Mit einer Reihe von »Vernichtungskampagnen« verstärkte Chiang Kai-shek zunehmend den militärischen Druck auf die kommunistische Basis in Jiangxi und zwang seine Gegner letztendlich, sich in die Bergregionen im Südwesten zurückzuziehen.

Dieses militärische Debakel war der Beginn des »Langen Marsches«. Er ermöglichte Mao im Januar 1935, anlässlich einer Rast in einer armen Kreisstadt der gebirgigen Provinz Guiyang die Frage der Parteiführung zu klären. In einer langen Rede machte er die militärische Taktik der bisherigen Führung, die ihn entmachtet hatte, für den Verlust der Basis in Jiangxi verantwortlich. Nach der Sitzung wurde er in eine aus drei Personen bestehende militärische Körperschaft berufen, die für Strategie und Taktik zuständig sein sollte. Maos Rückkehr zur Macht war damit gesichert.

Der Lange Marsch endete schließlich fast ein Jahr nach seinem Beginn in der armen Stadt Yan'an im Nordwesten des Landes. Hier errichteten die Kommunisten ihr revolutionäres Hauptquartier und hier gelang es Mao systematisch, seine eigene marxistische Variante zu entwickeln – die Worte des Vorsitzenden Mao, auch Mao-Bibel genannt – und der wachsenden kommunistischen Bewegung aufzuoktroyieren.

Mit der Bedrohung – und bald darauf der Realität – der japanischen Invasion konfrontiert, probten die beiden Erzrivalen Mao Zedong und Chiang Kai-shek den Schulterschluss in einer »zweiten Einheitsfront«, die beiden Unbehagen bereitete. 1941 bestand sie nur noch dem Namen nach und als der Krieg endlich vorüber war, reiste der US-Außenminister George C. Marshall als Vermittler nach China, um einen Bürgerkrieg zu verhindern. Das Bemühen scheiterte und ein vom Krieg verwüstetes Land stürzte abermals in einen blutigen Konflikt.

Als dieser vorüber war, bestieg Mao Zedong am 1. Oktober 1949 die Rednertribüne auf dem Tian'anmen Platz (Platz des Himmlischen Friedens) und verkündete die Gründung der Volksrepublik China. Alle hofften auf Frieden, Stabilität und den gesellschaftlichen und wirtschaftlichen Umbau einer Nation, die nach einem Jahrhundert des Imperialismus und Bürgerkriegs, der Entbehrungen und Revolution zerrissen war. Doch dem chinesischen Volk sollten Frieden und Wohlstand nicht vergönnt sein. Die bäuerlichen Familienbetriebe wichen der Kollektivierung und anschließenden Überführung in Gemeinbesitz, als Mao Zedong, entschlossen, »Großbritannien zu überholen und an die Vereinigten Staaten anzuschließen«, das Land in die gnadenlose Mobilisierung des »Großen Sprungs nach vorn« trieb. Die Bauern waren angehalten, Schmelzöfen in ihren Hinterhöfen zu errichten; die Befeuerung dieser Öfen führte zum Raubbau an der Umwelt und forderte die Menschen bis zur Erschöpfung. Aufnahmen von Kindern, die angeblich auf Weizengarben saßen, deren dichter, kräftiger Wuchs ihr Gewicht zu tragen vermochte, konnten auf Dauer das tragische Scheitern des Großen Sprungs nach vorn nicht verbergen, da ungefähr dreißig Millionen Menschen während der folgenden Hungersnot und an damit verbundenen Krankheiten starben.

Das Elend reichte gleichwohl nicht aus, Mao Zedong zu einem Sinneswandel zu bewegen. 1966, nur fünf Jahre nach dem Großen Sprung, stürzte er das Land abermals ins Chaos. Die Roten Garden waren angehalten, eine »Kulturrevolution« gegen die sogenannten »Vier Alten« (alte Bräuche, alte Gewohnheiten, alte Kultur und altes Denken) durchzusetzen. Schüler und Studenten machten Front gegen ihre Lehrer, Fabrikarbeiter gegen ihre Vorgesetzten und die »Massen« gegen die »herrschende Klasse«. Intellektuelle und »kapitalistische Mitläufer« wurden mit Narrenkappen durch die Straßen getrieben, verprügelt, bisweilen getötet, ins Gefängnis gesteckt oder zur »Umerziehung« aufs Land geschickt, um von den Bauern zu lernen. Der Wahnsinn endete erst mit Maos letztem Atemzug am 9. September 1976. Nur einen Monat später wurden seine Frau, die ehemalige Schauspielerin und linksradikale politische Führerin Jiang Qing, und drei

Gesinnungsgenossen, die zusammen die sogenannte »Viererbande« bildeten, verhaftet. Sie waren ein Symbol für die Gewalt und Wirren der Kulturrevolution und hatten versucht, Maos Ruf als großer Führer und Vorreiter im Kampf gegen Imperialismus und Feudalismus zu bewahren.

Deng Xiaoping, zweimal durch Mao strafdegradiert, ging als neuer starker Mann Chinas aus dieser Zeit des Umbruchs hervor. Ein Pragmatiker, der von der ideologischen Heuchelei der Kulturrevolution zutiefst frustriert und entschlossen war, Chinas Wirtschaft neue Impulse zu verleihen. Der Zeitpunkt war klug gewählt. Er begrüßte ausländische Investoren, just in dem Moment, als die Hersteller in Hongkong die Arbeitskosten als zu hoch empfanden; viele Firmenchefs verlegten ihre Produktionsaktivitäten in die benachbarte Provinz Guangdong, wo sie familiäre Bindungen hatten. In Shenzhen und drei anderen Regionen wurden »Sonderwirtschaftszonen« errichtet, die für ausländisches Kapital offen standen. Nach und nach kamen weitere Stätten und Orte hinzu, unter anderem der östliche Teil von Shanghai (Pudong), die sich auf ausländische und chinesische Investitionen konzentrierten und die Silhouette der Städte verwandelten. Privatfirmen erhielten die Erlaubnis zu expandieren und staatliche Unternehmen, einst das Herzstück der alten sozialistischen Wirtschaft, repräsentierten einen zunehmend kleineren Prozentsatz der chinesischen Industrieproduktion.

Die Wirtschaftsreform befreite Millionen Menschen aus bitterster Armut, bereicherte einige wenige und trug zur Entstehung einer Mittelklasse bei. Doch die Wirtschaftsreform schuf auch ein hohes Maß an Unsicherheit. Die Inflation war ein neues und besorgniserregendes Phänomen. Arbeitsplätze waren mit einem Mal bedroht, als die Staatsbetriebe begannen, Arbeitskräfte auf Vertragsbasis statt auf Lebenszeit einzustellen. Intellektuelle reagierten zunehmend frustriert auf die Befürworter des alten Systems und eine neue Studentengeneration betrachtete die Fortschritte der letzten Dekade als selbstverständlich und forderte mit Nachdruck weitere Freiheiten. Diese Mischung erwies sich als hochexplosiv, vor allem, weil Deng Xiaoping in die Jahre kam und die Nachfolge strittig war. Als der frühere liberale Parteivorsitzende Hu Yaobang am 15. April 1989 unerwartet verstarb, war das der Funke, der das Pulverfass entzündete. Wieder gingen die Studenten auf die Straße, um zu protestieren. Nach sechs Wochen der Unentschlossenheit schlug die Armee die Bewegung brutal nieder.

Das Trauma des Massakers auf dem Tian'anmen Platz schockierte die politischen Führer, Studenten und Beobachter in aller Welt. China begann sich langsam zu erholen, jedoch zu langsam für Deng Xiaoping. 1992 war er achtundachtzig Jahre alt und entschlossen, seiner Reformbewegung ein letztes Mal Antrieb zu verleihen. Im Januar begab er sich in die Sonderwirtschaftszone Shenzhen, das Symbol der Reform und Öffnung Chinas, wo er die konservativen Politiker mit unmissverständlichen Worten geißelte. Abermals machte die Wirtschaft, angetrieben durch Investitionen, große Fortschritte, vor allem in alten Städten wie Shanghai, während neue Städte in schwindelerregendem Tempo entstanden. Die Modernisierung brach mit voller Gewalt über China herein, doch während die grellen Großstadtlichter den Blick trübten und Vermögen angehäuft wurden, klaffte die Lücke zum agrarwirtschaftlichen Hinterland immer weiter auseinander. Ähnlich wie in Mao Zedongs Jugend begannen sich die Bauern zu organisieren und zu protestieren. Arbeiter, die ihren Broterwerb in den staatlichen Betrieben verloren hatten, gingen ebenfalls auf die Straße.

Ein Jahrhundert nachdem Kang Youwei seine Mitbewerber für die Beamtenprüfung politisch organisierte, ist aus China eine Macht mit globalen Interessen und eine Nation mit zunehmendem Wohlstand geworden, wenn auch in absoluter Hinsicht und nicht pro Kopf betrachtet. Der uralte Traum von Reichtum und Macht hat sich erfüllt, doch politische Partizipation, Bürgerrechte, Gleichheit, nationale Identität und Chinas Rolle in der Welt werden nach wie vor kontrovers diskutiert.

HENRI CARTIER-BRESSON

Die Verbotene Stadt im Morgendunst, wenige Tage vor der Machtergreifung der Kommunisten

BEIJING, DEZEMBER 1948

Imperiale Vergangenheit: Wenn man sich rühmt, die älteste noch bestehende Zivilisation der Welt zu sein, ist es vielleicht nicht verwunderlich, wenn man den Ballast der kaiserlichen Tradition nur durch einen radikalen gesellschaftlichen Umbruch abzuschütteln vermag. Ein Jahrhundert der Revolution und ökonomischen Entwicklung hat das Gesicht Chinas völlig verändert, sodass die imperiale Vergangenheit kaum mehr ins Gewicht zu fallen scheint. Doch wenn man durch eine Provinz wie Henan reist, wo alte Grabstätten die Landschaft sprenkeln, die Große Mauer aufragt oder die Verbotene Stadt zu einem Spaziergang lockt, spürt man die Realität einer längst vergangenen Zeit. Im gleichen Maß, wie die Erinnerung an die kommunistische Revolution verblasst, erwacht das Bewusstsein für Chinas glorreiche Vergangenheit. Fernsehserien über Chinas Kaiser erfreuen sich zunehmender Beliebtheit. Man empfindet wieder Stolz auf das Erbe der Vergangenheit, einen Stolz, in dem manchmal eine nationalistische Note mitschwingt. Die Kaiserinwitwe und die gebundenen Füße sind ein für alle Mal passé, doch alte Zivilisationen gehen nicht unter, ohne ihre Spuren zu hinterlassen. Eine der schwierigsten Aufgaben im zeitgenössischen China besteht darin, eine Revolution, die sich die Bekämpfung des Konfuzianismus auf ihre Fahnen geschrieben hatte, mit Konfuzius zu versöhnen. Geburtshaus und Grabstätte des Philosophen wurden restauriert und die Einrichtung von »Konfuzius-Instituten« im Ausland, in denen chinesische Sprache und Kultur gelehrt wird, zeugen von einer anhaltenden Lebendigkeit chinesischer Traditionen. J.F.

Linke Seite
HIROJI KUBOTA
Grabstätte des Herrschers der Nördlichen Song-Dynastie
SONGSHAN, PROVINZ HENAN, 1982

UNBEKANNTER FOTOGRAF
Cixi, die chinesische Kaiserinwitwe (1835–1908)
BEIJING, 19. JAHRHUNDERT

UNBEKANNTER FOTOGRAF

Die Große Mauer

DATUM UNBEKANNT

UNBEKANNTER FOTOGRAF

Fluss und Kanalschiff

ORT UNBEKANNT, DATUM UNBEKANNT

W. ROBERT MOORE

Kleine Mädchen beim Schwatz am Mondtor im Innenhof eines chinesischen Hauses

BEIJING, 1932

UNBEKANNTER FOTOGRAF

Gebundene Füße

ORT UNBEKANNT, DATUM UNBEKANNT

Rechte Seite

UNBEKANNTER FOTOGRAF

Prachtstraße in Shanghai

SHANGHAI, DATUM UNBEKANNT

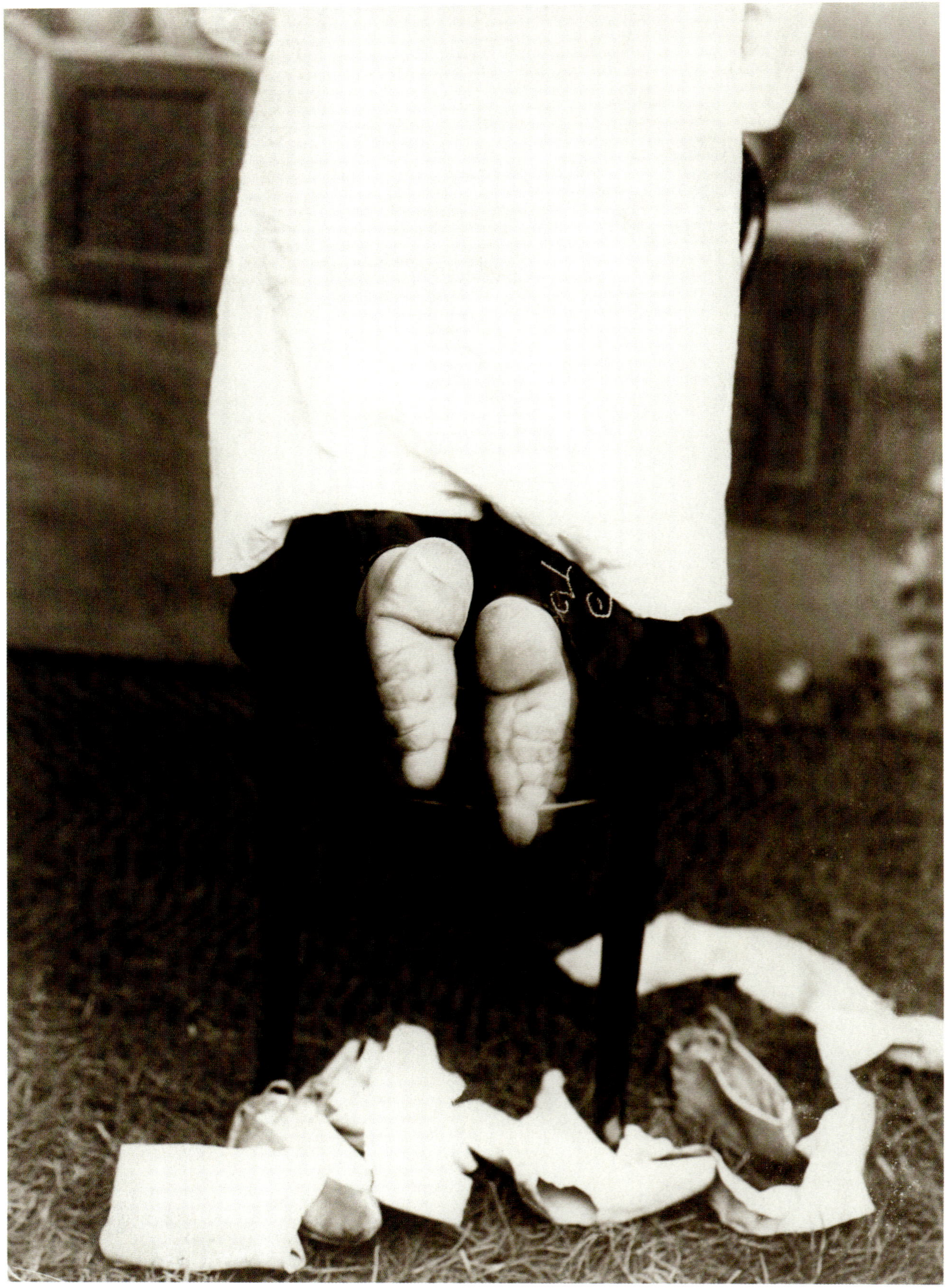

LAIWAH PORTR
NANKING ROAD
LLOYD ROAD
58

SIUKEE MAAK

Der Li-Fluss

GUANGXI (ZHUANG), YANGSHUO, 1937

Linke Seite

UNBEKANNTER FOTOGRAF

Die Stufen am Wang-Lung-Tor führen von der Fähre in das Geschäftsviertel.
CHONGQING, PROVINZ SICHUAN, 1944

ALFRED T. PALMER

Straßenszene
HONGKONG, 1930er-JAHRE

UNBEKANNTER FOTOGRAF

Sun Yat-sen und sein Gefolge

ORT UNBEKANNT, 1910er- ODER 1920er-JAHRE

Nationalisten: Nationalismus war schon immer das Leitmotiv der modernen chinesischen Politik. Sun Yat-sens »Drei Prinzipien des Volkes« – Volksherrschaft, Volkstum und Volkswohlfahrt – brachten seine Vision von einem Staatswesen mit demokratischen Zügen zum Ausdruck, das unter der Führung einer Elite die Rechte der Nation gegen die Schmach des Imperialismus verteidigen und soziale Gerechtigkeit für das Volk erstreben sollte. Nach Sun Yat-sens Tod griff Chiang Kai-shek seine Idee von der Notwendigkeit einer Periode der »Volkserziehung« auf. Dabei galt es, die Massen mit den Drei Prinzipien und der Ausübung ihrer demokratischen Rechte vertraut zu machen, doch es gelang ihm nicht, sie in die Praxis umzusetzen. Chiangs Misserfolg wurzelte zum einen in seinem militärischen Hintergrund, der ihn bewog, sich zur Stärkung seiner Führungsposition vornehmlich auf die chinesischen Streitkräfte zu verlassen, und zum anderen in den schwierigen Verhältnissen zur damaligen Zeit: Warlords, die noch immer ihre Machtansprüche geltend machten, die kommunistische Bewegung, die erstarkte, und die Bedrohung durch die Japaner, die nur allzu real war. Die japanische Invasion von 1937 hatte zur Folge, dass jeder Gedanke an die Einführung demokratischer Prinzipien zurückgestellt werden musste, zumindest bis zum Ende des Zweiten Weltkrieges, und danach wurde China vom Schreckgespenst des Bürgerkriegs heimgesucht. Der Nationalismus war eine Konstante, aber er wurde oft benutzt, um demokratische Bestrebungen zu unterdrücken. J.F.

Linke Seite

UNBEKANNTER FOTOGRAF

Sun Yat-sen mit seiner Mannschaft bei einem Besuch der Ming-Gräber

UNWEIT BEIJING, CA. 1920

Oben

UNBEKANNTER FOTOGRAF

Japanische Soldaten bahnen sich einen Weg durch das zerbombte Shanghai während der vorübergehenden Besetzung der Stadt, ein Vorgeschmack auf den Zweiten Sino-Japanischen Krieg von 1937–1945.

SHANGHAI, 1932

UNBEKANNTER FOTOGRAF

Unten

Ein chinesischer Soldat bewacht ein Geschwader Curtiss P-40-Kampfflugzeuge (die berühmten »Fliegenden Tiger«) auf einem Flugplatz in China.

ORT UNBEKANNT, 1943

MERL LA VOY

General Chiang Kai-shek, Präsident der Republik China

NANJING, PROVINZ JIANGSU, 1933

UNBEKANNTER FOTOGRAF

General und Frau Chiang Kai-shek

ORT UNBEKANNT, VOR 1936

ROBERT CAPA

Ausbildung weiblicher Kadetten der Nationalarmee in Hankou, wohin sich General Chiang Kai-shek beim Einmarsch der japanischen Truppen zurückzog.

HANKOU, 1938

HENRI CARTIER-BRESSON

Während Beijing von kommunistischen Truppen umzingelt ist, ruft die Kuomintang eine Truppe von 10 000 Mann zu den Waffen.

BEIJING, DEZEMBER 1948

HENRI CARTIER-BRESSON

Straße der Antiquitätenhändler

BEIJING, 1948

HENRI CARTIER-BRESSON

Zöpfe tragende Studentinnen auf dem Weg zum Unterricht in der Fachschule für Maschinenbau

SHENYANG, PROVINZ LIAONING, 1958

UNBEKANNTER FOTOGRAF

Chinesische Kinder stehen Schlange, um während einer der zahlreichen Hungersnöte ihre Essensration abzuholen.

ORT UNBEKANNT, 1930

DMITRI KESSEL

Chinesische Treidler ziehen eine Dschunke flussaufwärts.

WESTCHINA, 1946

OWEN LATTIMORE

Zhou Enlai, Mao Zedong und Bo Gu

YANAN, PROVINZ SHAANXI, 1937

Kommunisten: Man vergisst leicht den ungeheuren Optimismus, den die Chinesen empfanden, als Mao Zedong 1949 erklärte: »Das chinesische Volk hat sich erhoben«, und die Volksrepublik China ausrief. Der linke Schriftsteller Hu Feng schrieb ein langes Gedicht mit dem Titel »Nun hat die Zeit begonnen«, in dem er die Aufbruchstimmung jener Ära pries. Li Shenzi, Rektor der American Studies in China, erinnert sich noch Jahre später an die Ereignisse und nannte die Hymne »inspiriert«, eine treffende Beschreibung des damaligen Zeitgeistes. Hu Feng war ein Protégé des ruhmreichsten chinesischen Schriftstellers Lu Xun, doch weder Herkunft noch intellektuelle Brillanz konnten ihn retten. Sechs Jahre nach seinem Loblied auf den Sieg der Kommunisten wurde er von Mao Zedong beschuldigt, Anführer einer »konterrevolutionären Bande« zu sein. Hu verbrachte das nächste Vierteljahrhundert im Gefängnis und starb drei Jahre bevor er rehabilitiert wurde. Li Shenzi war ein scharfsinniger junger Mann von sechsundzwanzig Jahren, als die Volksrepublik gegründet wurde, konnte aber nicht umhin, in die Fußstapfen des berühmten Hu Feng zu treten. 1957 wurde er bezichtigt, Reaktionär zu sein. Wie viele andere Intellektuelle kehrte er erst nach Maos Tod in das öffentliche Leben zurück. Die chinesische Revolution verschlang, wie viele andere revolutionäre Bewegungen, ihre eigenen Kinder. J.F.

LI ZHENSHENG

Tausende von Studenten der Technischen Hochschule jubeln bei Maos erster Begegnung mit den Bewohnern der Stadt, um die Kulturrevolution zu zelebrieren.

HARBIN, PROVINZ HEILONGJIANG,
12. AUGUST 1966

WU YINXIAN

Mao Zedong hält eine Rede zu Ehren der »Helden der Arbeit« in der Grenzregion Shaanxi-Gansu-Ningxia.

ORT UNBEKANNT, 1943

伟大的领袖
黑帮分子
任仲夷

Linke Seite

LI ZHENSHENG

Während der Kulturrevolution wird ein Beamter gezwungen, eine Narrenkappe und ein Schild mit der Anschuldigung »Mitglied der Schwarzen Bande« zu tragen.

HARBIN, PROVINZ HEILONGJIANG, 1966

JACQUET-FRANCILLON

Angestellte eines Hotels bedienen einen Schmelzofen im Hinterhof, um den Großen Sprung nach vorn zu unterstützen.

BEIJING, 1958

榮興齋
业务照常

MARC RIBOUD

Straße in Beijing, aus dem Innern eines Antiquitätenladens betrachtet

BEIJING, 1965

Der Bambusvorhang: Die Isolation war nicht gut für China und es sollte noch schlimmer kommen. Mit der Kampagne »Widerstand gegen Amerika und Hilfe für Korea« wurde die Abkehr von der westlichen Welt noch verstärkt und die politische und ideologische Kontrolle über das Volk tiefgreifender. Hunderttausende von Dissidenten wurden umgebracht oder inhaftiert, der Rest wurde mundtot gemacht. Die »Mao-Bibel« wurde zur einzigen Richtlinie. In den Städten wurden alle Geschäfte, die sich in Privatbesitz befanden, geschlossen; Arbeitskader (dorfähnliche Miniatur-Gemeinschaften, *danwei*) gaben den Ton im sozioökonomischen Leben an, teilten Wohnraum und andere Privilegien nach eigenem Gutdünken zu. Die Bauern wurden weitgehend zwangsenteignet, als man das restliche Land kollektivierte und danach in Kommunen überführte. Von Zeit zu Zeit schwappte eine weitere politische Säuberungswelle über das Land, bei der eine bestimmte Person oder Klasse als warnendes Beispiel herausgegriffen wurde. Eine halbe Million Intellektuelle wurde während des Kampfes gegen die Rechtsopposition von 1957 zur Umerziehung aufs Land geschickt. Familien wurden gegeneinander ausgespielt, versuchten zu überleben, indem sie sich gegenseitig denunzierten, in der Hoffnung, ihre Kinder zu schützen. Doch es gab auch Familien und Einzelpersonen, die beharrlich Widerstand leisteten und den Terror überlebten. Sobald die politischen Säuberungswellen verebbten, fassten die Menschen wieder Mut. Als sich der politische Aktivismus schließlich erschöpft hatte und Mao tot war, kamen die Familien wieder zusammen und waren bereit, den Weg in eine neue Welt anzutreten. Die Sorgen blieben und die tradierten Werte hatten gelitten, doch die Menschen bemühten sich, Sicherheit und Sinn in einer neuen Welt zu finden. J.F.

MARC RIBOUD

Studenten marschieren auf dem Tian'anmen Platz.

BEIJING, 1965

RENÉ BURRI

Der Kaiserliche Sommerpalast

BEIJING, 1985

JOHN DOMINIS

US-Präsident Richard Nixon und der chinesische Ministerpräsident Zhou Enlai bringen bei einem Bankett einen Toast aus.

BEIJING, 1972

Oben

ELLIOTT ERWITT

Premier Deng Xiaoping genießt ein Rodeo während eines Besuchs in Houston, Texas.

TEXAS, USA, 1979

Unten

UNBEKANNTER FOTOGRAF

Zu Beginn seiner politischen Laufbahn war Deng Xiaoping (Zweiter von links), der nicht lange nach Mao Zedongs Tod zum profilierten Führer aufstieg, politischer Kommissar in der kommunistischen Armee.

PROVINZ SHANXI, 1938

GUY LE QUERREC

Yong An Road, Ausblick vom Hotel Chien Men

BEIJING, 1984

RAYMOND DEPARDON

Im Zug zwischen Beijing und Lanzhou

1985

RAYMOND DEPARDON

Im Taxi

BEIJING, 1985

胡 志

MARC RIBOUD

Demonstration gegen die US-Militär-intervention in Vietnam

TIAN'ANMEN PLATZ, BEIJING 1965

Widerstand: Die Kinder der Revolution. Chinas zeitgenössische Geschichte wurde immer wieder von Widerstandsbewegungen durchsetzt und geprägt. Kang Youwei verfasste eine von den Beamtenprüfungsanwärtern unterzeichnete Denkschrift an den Kaiser, um gegen die Bedingungen des Vertrages von Shimonoseki zu protestieren. Der Boykott amerikanischer Waren als Protestreaktion auf den Chinese Exclusion Act (Gesetz zum Ausschluss der Chinesen) war vielleicht der erste Ausdruck einer nationalistischen Welle, die das ganze Volk erfasste. Die Bewegung des vierten Mai von 1919 verlieh der Intellektuellenbewegung Profil und schrieb eine Reihe von Idealen auf ihre Fahnen – Demokratie und Übernahme der neuesten Entwicklungen in Technik und Wissenschaft –, an denen sich spätere politische Bewegungen stillschweigend messen lassen mussten. Die Bewegung des 30. Mai 1925, die sich gegen die Ermordung eines chinesischen Arbeiters in einer japanischen Fabrik richtete, markierte den Wechsel von der intellektuellen zur volkseigenen Führung im Befreiungskampf. Nationalistische Protestkundgebungen in den 1930er- und 1940er-Jahren radikalisierten eine ganze Generation von Studenten und trugen dazu bei, die Nationalisten aus der Geschichte des chinesischen Festlandes zu verdrängen. Doch der Sieg der Kommunisten konnte den Widerstand nicht ersticken. Studenten und Arbeiter gingen 1957 auf die Straße und die Roten Garden, die während der Kulturrevolution den Aufstand probten, waren Zielscheibe der aufgestauten Wut. Weitere Demonstrationen fanden 1985, 1986 und 1989 statt. Obwohl geringer im Umfang und weniger dramatisch als diese Widerstandsbewegungen, sind sie dennoch ein charakteristisches Merkmal des zeitgenössischen chinesischen Lebens. J.F.

PETER TURNLEY

Die Göttin der Demokratie auf dem Tian'anmen Platz

BEIJING, 1989

KENNETH JARECKE

Hungerstreik für die Demokratie

TIAN'ANMEN PLATZ, BEIJING, 1989

Die Tradition

Tradition ist auf Anhieb sichtbar und zugleich abstrakt. Die Chinesen rühmen sich einer kulturellen Tradition, die jahrtausendealt ist, doch was im heutigen China auf altüberlieferte Sitten und Gebräuche hindeutet, sind nur noch Relikte der Vergangenheit. Im Alltag lebt die Tradition überwiegend im abstrakten Bereich fort.

Man sieht auf den Straßen beispielsweise keine traditionelle Kleidung. Wie in vielen anderen asiatischen Ländern tragen die meisten Menschen Massenware, in multinationalen Unternehmen vor Ort hergestellt, oft von den Trägern selbst. Das ist verständlich von der Warte der Modernisierung, der Verwestlichung oder der Wirtschaftlichkeit. Doch im Gegensatz zu anderen asiatischen Ländern gibt es in China keine »Nationaltracht« mehr. Dies hat sich bei zeremoniellen Anlässen wie Hochzeiten oder für Staatsmänner und Diplomaten, die an Ereignissen auf internationalem Parkett teilnehmen, als Dilemma erwiesen.

Die Ursachen liegen auf der Hand. Als die Mandschuren aus dem Nordosten Mitte des 17. Jahrhunderts ins Land einfielen und die Herrschaft übernahmen, wurde die traditionelle Kleidung für Männer verboten; sie mussten sich nach Mandschu-Art kleiden und den Haarzopf übernehmen (Frauen blieb diese Schmach erspart). Nach der Revolution von 1911, als die Qing-Dynastie der Mandschuren gestürzt war, kam der Zhongshan-Anzug in Mode, nach Sun Zhongshan benannt (Sun Yat-sen), dem Gründer des modernen China. Die Jacke wurde von Mao und den Kommunisten adaptiert und ist dem Rest der Welt unter der Bezeichnung Mao-Jacke bekannt. Von den starren Regeln zu Beginn des kommunistischen Regimes befreit, wurde die Mao-Jacke von den Chinesen später zugunsten eines westlichen (oder internationalen) Kleidungsstils abgelegt – bei formalen Anlässen herrschen Anzug und Krawatte vor.

Der neunzigjährige Gelehrte Ji Shanlin, ein namhafter Experte für alte indische und zentralasiatische Sprachen, beklagte in seinen Schriften wiederholt, dass sich die junge Generation zu leicht von der Mode beeinflussen lässt (womit er auf einen Verlust der Tradition oder nationalen Identität hindeutet); er erklärte, dass er selbst in Zukunft nur noch die Zhongshan-Jacke tragen werde. Bei Frauen ist das Problem weniger akut: Sie sind zu dem mehr oder weniger schlichten, seitlich geschlitzten Kleid (Cheongsam) zurückgekehrt, das aus der Mandschu-Periode stammt – wie aus dem früheren Namen *qipao* hervorgeht, was »Bannergewand« bedeutet. Männer trugen früher ebenfalls eine lange, gerade geschnittene Robe; bei festlichen Anlässen wurde sie durch eine kurze Jacke und eine Kappe ergänzt, die den vorderen kahl rasierten Teil des Schädels verbarg. Doch diese Kleidung sieht man schon lange nicht mehr. Überlebt hat nur die locker sitzende Jacke im Pyjama-Stil und die Hosen, die unter der langen Robe getragen wurden. Diejenigen, die in den Kampfkünsten bewandert sind oder auch Tai Chi beherrschen, das von zahlreichen Menschen in den frühen Morgenstunden in Parks und auf öffentlichen Plätzen praktiziert wird, tragen ihre traditionelle Trainingskleidung auch heute noch. Doch wird dieses Outfit bisweilen nur noch der Wirkung wegen zur Schau gestellt. Wie verlautet, soll ein Institut für Kleidungsforschung in Shanghai mit dem Entwurf einer Nationaltracht beauftragt worden sein, doch ein Ergebnis wurde bisher nicht bekannt.

»Traditionelle Gewänder« findet man noch bei den buddhistischen Mönchen. Aber heute hat es den Anschein, als würden sie wie Theaterkostüme gefertigt und getragen. Dieser Eindruck verstärkt sich, wenn man den Mönchen in einer weltlichen Kulisse begegnet, und ist selbst dann unauslöschlich, wenn sie an einer Zeremonie oder Prozession teilnehmen. Er entsteht nicht nur in der Fantasie des Beobachters, sondern spiegelt auch einen Aspekt der Realität wider.

Authentischer wirken die altüberlieferten religiösen Rituale in den buddhistischen Tempeln. Die Hingabe, mit der die Menschen vor den Statuen der Gottheiten knien, der andächtige Gesichts-

Vorhergehende Seite
GILLES SABRIÉ
Eine Operntruppe trifft in einem kleinen Bergdorf ein.
PROVINZ SHANXI, 2005

ausdruck und die Gesten der Verehrung scheinen zeitlos. Weniger authentisch sind die Götterstatuen selbst. In den urbanen Zentren wurden die ursprünglichen Statuen während der Kulturrevolution zerstört und später ersetzt, doch nicht etwa gemäß einem religiösen Kanon oder Kenntnissen der buddhistischen Ikonografie, sondern von Studenten der Kunstakademien frei nach fotografischen Vorlagen gestaltet. Was in buddhistischen Tempeln in Schreinen aufbewahrt wird, sind nicht nur Bildnisse von Buddhas, Bodhisattvas oder Luohans, sondern auch daoistische (taoistische) Unsterbliche oder Götter der Volksreligion – zum Beispiel Guandi, der Kriegsgott. Für die Gläubigen macht das keinen Unterschied; alle Götter in den Tempeln werden verehrt, ungeachtet ihrer Herkunft oder Zugehörigkeit. Das ist eine echte Tradition in der religiösen Praxis Chinas, die Jahrhunderte zurückgeht. Es spielt keine Rolle, zu wem man betet, solange das Gebet erhört wird. Doch man sieht nicht nur Statuen daoistischer Unsterblicher in buddhistischen Tempeln, sondern auch Menschen, die sich in lamaistischen Tempeln (tibetischer Buddhismus) genauso zu Hause fühlen wie in den Tempeln einer der anderen buddhistischen Richtungen. Außerdem kann es vorkommen, dass ein Tempel einer bestimmten buddhistischen Schule, die mit einem bestimmten Buddha verknüpft ist, überhaupt kein Bildnis dieses Buddha enthält – wie zum Beispiel in einem »Reines Land«-Tempel in Hongkong kein Buddha Amitabha zu finden ist.

Buddhistische Mönche leben gut heutzutage, wie ihre Präsenz in den Speisesälen der Luxushotels verrät. Das ist nicht neu. Während der Tang-Dynastie wurden den Mönchen in den reichen Tempelanlagen riesige Ländereien übereignet und sie hielten eine große Anzahl von Bediensteten, die sowohl Teil an diesem Wohlstand als auch an einer hochkultivierten Lebensweise hatten. Das Teetrinken, angeblich entstanden, um die meditierenden Mönche wach zu halten, wurde zur erlesenen Zeremonie. Lu Yu, der im 8. Jahrhundert lebte und einen großen Teil seines Lebens in Klöstern verbrachte, verfasste »Das klassische Buch vom Tee«, mit dem er sich einen Namen machte. Darin listete er verschiedene Tee- und Wassersorten (und alle bekannten Quellen nach ihrer Qualität) auf, beschrieb die Teeherstellung und Teezeremonie nebst den erforderlichen Gerätschaften, einschließlich der jeweiligen Vorteile von Porzellan-Teetassen aus verschiedenen Brennöfen. Der letzte Teil sollte sich für Studenten, die sich mit der Geschichte des chinesischen Porzellans befassten, als nützliches Nachschlagewerk erweisen. Die Teezeremonie wurde unlängst in Privathäusern und Touristenlokalen wieder eingeführt (nicht, dass sie lange aus dem Verkehr gezogen worden wäre). Doch diese Renaissance scheint kein ungetrübtes, sondern oft ein vorgetäuschtes, wenn nicht sogar zweifelhaftes Vergnügen zu sein. Nicht zuletzt deshalb, weil Wasser aus Quellen, die nicht verunreinigt sind, im heutigen China als Mangelware gilt. Doch das zunehmende Interesse an der Teeproduktion für den Markt hat zu einer Qualitätsverbesserung mit entsprechendem Preisanstieg geführt.

Nahrung war schon immer eine Herausforderung in China, mit der sich jeder Besucher konfrontiert sieht. Sie ist aus zwei Gründen wichtig: als kultureller Ausdruck und als Grundüberlegung bei der Formulierung der staatlichen Politik. Ersterer ist eine Sache des Verbrauchs, Letzterer eine Sache der Produktion. Derzeit erleben wir eine der seltenen Perioden der chinesischen Geschichte, in der die Erzeugung oder Beschaffung von Nahrungsmitteln kein ernsthaftes Problem darstellt. Die Aufmerksamkeit richtet sich ungeteilt auf den Verbrauch in den reichen Großstädten, vor allem in den Küstenregionen. Man betritt staunend die Welt der Mammutrestaurants, wo man oft zu ebener Erde einen riesigen Markt mit allem findet, was essbar ist, gleich ob Fleisch oder Gemüse, wild oder domestiziert. Im ersten Stock befinden sich offene Speiselokale, Bankettsäle und »Dining Rooms« unterschiedlicher Größe für Privatveranstaltungen, in denen manchmal nur wenige Gäste Platz finden, aber auch geschlossene Gesellschaften mit mehreren Hundert Personen bewirtet werden können. Diese Restaurants haben dem Vernehmen nach ihren Ursprung in der Stadt Ningbo in der Provinz Zhejiang, die lange als bedeutender Umschlagplatz des Seehandels bekannt war, sind aber inzwischen in allen größeren Städten, zum Beispiel Nanjing, zu finden. Viele Legenden ranken sich um die exquisite und extravagante Küche von Hangzhou im 12. Jahrhundert, damals die Hauptstadt der Südlichen Song-Dynastie. Shanghai und Hangzhou könnten heute aus dem gleichen Grund in die Geschichtsbücher eingehen.

Noch heute gibt es Aspekte des chinesischen Festessens, die tief in der Tradition verwurzelt sind und niemand mag, aber jeder hinnimmt. Sie haben hauptsächlich mit den aufwendigen Willkommens- und Abschiedsbanketten für illustre Besucher zu tun, zum Beispiel hohe Beamte oder ausländische Gäste mit Rang und Namen. Der Brauch ist vermutlich so alt wie China selbst, doch die Üppigkeit und Nomenklatur ist unterschiedlich, je nach Zeit und Region. Während der Yuan-Dynastie (1279–1368), als die Mongolen über China herrschten, wurden sie als »Absattelbankett« und »Aufsattelbankett« bezeichnet, wie noch heute in der Inneren Mongolei üblich, nur dass die hochkarätigen Gäste jetzt aus Flugzeugen und Limousinen steigen und oft jeden Tag eine andere Stadt besuchen. Damit werden die Intervalle zwischen den Banketten wesentlich kürzer, was Gastgeber und Gäste oft gleichermaßen beklagen. Dennoch wird dieser Brauch gewissenhaft befolgt. Und die Schlemmermahlzeiten sind nicht auf die oben genannten besonderen Anlässe beschränkt. Es gibt zahlreiche weitere Ereignisse, die kulinarisch gewürdigt werden wollen. Su Shi, ein namhafter Dichter aus dem 11. Jahrhundert und ehemaliger Gouverneur von Hangzhou, beschrieb die Stadt als »Hölle der Ess- und Weingelage«. Und das, bevor Hangzhou Hauptstadt wurde. Viele ausländische Besucher bekommen eine Kostprobe dieser Kultur, vor allem, wenn mehrere Städte auf ihrem Rundreiseprogramm stehen.

Das Hochzeitsbankett war üblicherweise das üppigste Festmahl von allen, gefolgt von den Feiern anlässlich wichtiger Geburtstage. Früher führten die Ausgaben für eine Hochzeit, die Bewirtung eingeschlossen, oft zu einer schwerwiegenden Verschuldung. Doch angesichts des rapiden gesellschaftlichen und wirtschaftlichen Wandels und der relativen Leichtigkeit, mit der Heirat und Scheidung heute über die Bühne gebracht werden, werden nun nicht mehr alle Hochzeiten mit solchem Pomp gefeiert. Auch die ausgeklügelten Rituale, die mit einer Eheschließung verbunden waren und an die heute nur noch die ältere, dahinschwindende Generation oder die Aufzeichnungen von Sozialanthropologen erinnern, existieren oft nur noch in Kinofilmen. Die traditionelle Hochzeitskleidung, vor allem das Brautgewand, das eine längere Lebensdauer hatte als die Alltagsgarderobe, ist ebenfalls vom Aussterben bedroht.

Ein Merkmal des traditionellen chinesischen Handels, das nicht nur überlebt hat, sondern immer mehr um sich greift, ist die Konzentration einer bestimmten Branche in einer bestimmten Straße oder einem bestimmten Viertel – ein permanenter urbaner Markt. Es gibt ganze Bücherzentren in großen Gebäuden, in denen alle Verlage ihren eigenen Stand haben, wie in einem Kaufhaus. Die sogenannte Curio-Stadt in Beijing ist Chinas größter Kunstmarkt. Doch am spektakulärsten ist der Bekleidungsdistrikt, der einen ganzen Block oder mehrere Blocks umfassen kann, mit Büros und Läden in den Gebäuden und Marktständen auf den Straßen, die den Verkehr behindern. Hier findet der gesamte Groß- und Einzelhandel statt, von den Transaktionen großen Umfangs bis hin zum Kauf eines einzelnen T-Shirts.

Straßenstände und fliegende Händler, die alles nur Erdenkliche feilbieten, von Gerichten aus der Garküche bis hin zu Obst, Gemüse und Schnickschnack aller Art, tauchen nach einer Periode der strikten Handelskontrolle durch die Regierung überall in China wieder auf. Sie zeugen vom Unternehmergeist des Volkes und der Abkehr von Staatsbetrieben, die jedermann zu beschäftigen pflegten.

Eine weitere vielleicht nicht einzigartige, aber weitverbreitete Sitte ist das Fälschen oder Kopieren bekannter Markenprodukte. Die Kopien werden unter Namen verkauft, die phonetisch oder grafologisch eng an die ursprünglichen Markennamen angelehnt sind. Eine weitere Strategie besteht darin, Imitationen mit Warenzeichen zu versehen, die leicht mit dem Original verwechselt werden können. Eines der spektakulärsten Beispiele waren die Wangmazi-Scheren, die in Beijing in rauen Mengen auftauchten. Die Original Wangmazi-Scheren waren schon vor der Qing-Dynastie (um 1744) in Beijing bekannt. Bis zu Beginn des 20. Jahrhunderts verkauften zahlreiche Läden Wangmazi- und andere Scheren mit ähnlich klingenden Namen und Produktmerkmalen. Auch das Fälschen von Gemälden und Kalligrafien berühmter Meister hat in China eine lange Tradition, was die Sammler zur Verzweiflung bringt: Ihnen fehlt das geschulte Auge, um die verschiedenen Fälscherschulen zu erkennen, deren Handschrift genauso charakteristisch ist wie diejenige des Originals. Die unverkrampfte Haltung gegenüber solchen Urheberrechtsverletzungen wird von den internationalen Unternehmen, die ihnen zum Opfer fallen, nicht geteilt.

In China, das ehemals ein Kaiserreich war, gab es viele kulturelle Traditionen, die in den ethnischen Gruppen oder Gemeinden der verschiedenen Provinzen eine friedliche Koexistenz führten. Noch heute existiert der Brauch der »interkulturellen Anlehnung«, mit oder ohne regionale Anpassungen. Ein anschauliches Beispiel ist die Küche. Die Zeiten der strikt auf eine Region beschränkten Gerichte sind vorbei, zumindest in den Restaurants. Man findet die kantonesische Küche auch in der Autonomen Region Xinjiang Uigur (Chinesisch-Zentralasien), mit Zutaten, die aus Hongkong eingeflogen werden. Und im subtropischen Hongkong kann man den »Mongolischen Feuertopf« probieren, genau wie kulinarische Köstlichkeiten aus aller Herren Länder. Nichts ist mehr ganz ursprünglich. Diese überhandnehmende Verfügbarkeit droht die lokalen Sitten und Gebräuche zu untergraben. Die nachhaltigsten Veränderungen sind jedoch das Resultat politischer, sozialer und ökonomischer Kräfte, die sich bereits auf das Erscheinungsbild verschiedener tradierter Merkmale ausgewirkt haben, von der Kleidung bis hin zur Architektur und Lebensführung. Was derzeit noch Bestand hat, sind die ungreifbaren, abstrakten Werte, die sich dem gelegentlichen Beobachter nicht sofort erschließen.

Die Kostüme der Darsteller der Peking-Oper sehen nicht so aus, als wären sie in gleich welcher Ära der chinesischen Geschichte von irgendjemandem außerhalb dieses Rahmens getragen worden. Doch Kunst- und Kostümhistoriker bestätigen, dass jedes Detail, von den absurd langen Federn der »barbarischen« Krieger bis zum steifen, großen »Gürtel«, der lose von der Taille eines Gelehrten mit Beamtenstatus herabhängt, ihren Ursprung in der Kleidermode irgendeiner Periode der chinesischen Geschichte hat, die sich Jahrhunderte, wenn nicht gar Jahrtausende zurückdatieren lässt.

Doch auch dieses Relikt der Vergangenheit ist dem Untergang geweiht, wenn sich die Bühnenkünste durch die Einführung westlicher Opern verwandeln und Opernhäuser in Shanghai und Beijing in einem Architekturstil errichtet werden, der den Chinesen fremdartig vorkommen muss. In keiner anderen Periode der chinesischen Geschichte fanden so viele radikale Veränderungen in jedem Aspekt des Lebens statt: in der Politik, in der Gesellschaft und im persönlichen Bereich. Doch ungeachtet dessen, welche Veränderungen China noch bevorstehen, einige abstrakte Werte werden überdauern. Bleibt abzuwarten, wie sie beschaffen sein mögen.

PAUL LOWE

Schon am frühen Morgen ist das Teehaus voll besetzt mit alten Männern und modebewussten Jugendlichen.

SHANGHAI, 1997

HIROJI KUBOTA

Die Kopfbedeckung dieser alten Frau lässt erkennen, dass sie eine Hakka ist und zu einer ethnischen Minderheit in China gehört.

SHENZHEN, PROVINZ GUANGDONG, 1982

UNBEKANNTER FOTOGRAF

Frauen der Miao, einer ethnischen Minderheit, warten in ihren traditionellen Gewändern auf die Aufführung ihres Tanzes.

LANGDESHANG, PROVINZ GUIZHOU, 2006

MICHAEL WOLF

Am Tag der Ahnen haben Frauen aus der Volksgruppe der Bai den Tempel besucht, um Opfergaben darzubringen.

DALI, PROVINZ YUNNAN, 2003

Überalterung: Die Überalterung der Gesellschaft (vom siebzigsten Lebensjahr aufwärts) wird in China genau wie anderswo auf der Welt zur gesellschaftlichen Bürde. Doch die Alten tragen ebenfalls eine schwere Last. Einerseits ist sie sozialer und wirtschaftlicher Natur, andererseits historisch bedingt. Die Chinesen, die vor 1937 geboren wurden – dem Jahr des Zwischenfalls an der Marco-Polo-Brücke, der den Beginn des achtjährigen Sino-Japanischen Krieges und Jahrzehnte des Elends markierte –, waren ebenfalls in Zeiten turbulenter gesellschaftlicher und politischer Umbrüche groß geworden. Und ihre Eltern haben noch die Monarchie erlebt unter der Qing-Dynastie, die 1911 endete. Sie waren mit den Sitten und Gebräuchen aufgewachsen, die in der alten Zeit herrschten, und von denen einige auf die Anfänge der chinesischen Geschichtsschreibung zurückgehen. Das Halten von Grillen (wegen ihres »Gesangs« und für Schaukämpfe) ist beispielsweise ein altüberlieferter Zeitvertreib. Jia Sidao, Kanzler in der Endphase der Südlichen Song-Dynastie während des 13. Jahrhunderts, schrieb die früheste bekannte Abhandlung über Grillen. Xuande, ein Kaiser der Ming-Dynastie (1425–1435), war ebenfalls ein glühender Anhänger des Grillenkults, genau wie sein Volk. Die Herstellung von Zubehör für die Haltung dieser kostbaren Insekten entwickelte sich zu einer blühenden Handwerkskunst. Alte Grillenkäfige in Form reich verzierter Keramikkrüge und geschnitzter Kürbisse stehen inzwischen als Kunstobjekte hoch im Kurs. Heute ist das Interesse an Grillen eher auf die ältere Generation beschränkt. (Abgesehen davon sind viele Felder, in denen Kinder Grillen zu fangen pflegten, Industriekomplexen gewichen.) Mahjong, ein Brettspiel mit jahrhundertelanger Tradition, hat ebenfalls einiges von seiner einstigen Beliebtheit eingebüßt, da die jungen Leute andere Zerstreuungen bevorzugen, zum Beispiel Videospiele. Solche Traditionen werden mit der gegenwärtigen Seniorengeneration aussterben und damit verschwinden auch die Überreste einer uralten Kultur und Erinnerungen an eine turbulente Ära der chinesischen Geschichte. J.C.Y.W.

MICHAEL WOLF

Zwei Grillen in der Kampfarena: Die Halter entfachen ihre Aggressivität durch Kitzeln mit Stäbchen.

SHANGHAI, 2002

DAVID BUTOW

Tiger Hill, mit der Yu-Yuan-Pagode im Hintergrund

SHANGHAI, 2006

GILLES SABRIÉ

Eine Operntruppe bei einer Aufführung vor einem gebannten Publikum

PROVINZ SHANXI, 2005

Oper: Es gibt kein Theater in China, das nicht für die Oper geeignet wäre – ein Drama, das mit viel Mimik, psalmodierenden Rezitationen (in der alten Aussprache, die den Zuhörern nicht auf Anhieb verständlich ist), Stegreif-Vorträgen im lokalen Dialekt, fest gelegten Arien und in manchen Aufführungen mit zahllosen Kampfszenen und akrobatischen Einlagen gespickt ist. Anfang des 20. Jahrhunderts, mit der ersten Welle westlicher Einflüsse, wurden ausgezeichnete Bühnenstücke geschrieben und in großen Städten aufgeführt, doch der Krieg setzte diesem Trend ein Ende. Das Erzählen von Geschichten, manchmal von Musik und Gesang begleitet, ist eine uralte Form der Unterhaltung und lehrreichen Erbauung in China, wie in allen Kulturen, doch Bühnenschauspiele kamen nach chinesischen Maßstäben erst relativ spät in Mode. Die ersten waren vermutlich buddhistisch angehauchte Dramen, die in ganz Zentralasien eingeführt wurden; die chinesische Oper in ihrer gängigen Form mit sämtlichen lokalen Variationen nahm irgendwann im 12. Jahrhundert (oder früher) Gestalt an; sie erreichte im 13. und 14. Jahrhundert ihre größte Popularität. Während der Yuan-Dynastie, unter mongolischer Herrschaft, wurden viele berühmte Bühnenstücke von namhaften Dichtern verfasst, und die altüberlieferten Opern, die heute noch aufgeführt werden, wurzeln in Werken aus dieser Periode oder leiten sich von ihnen her. Das Yuan-Drama gehörte zu den frühesten chinesischen Kulturexporten. Voltaire gestaltete Mitte des 18. Jahrhunderts sein Bühnenstück »Die chinesische Waise« nach der Vorlage des berühmten Yuan-Dramas »Die Waise aus dem Hause Chao«.
Jahrhundertelang war das Theater die beliebteste Form der Unterhaltung und chinesische Wanderschauspieler gaben Gastspiele im ganzen Land, reisten von Stadt zu Stadt und von Dorf zu Dorf. Die Kulissen waren auf ein Minimum beschränkt – daher die Bedeutung der Mimik. Das Fehlen von Kulissen lenkt die ungeteilte Aufmerksamkeit auf die Schauspieler, ihre Darstellungskunst, den Gesang, die Kostüme und Schminke. Das Publikum ist fachkundig und verhält sich völlig ungezwungen, redet und isst fast die ganze Zeit, doch wenn sich die Handlung zuspitzt oder ein großer Bühnenstar eine Arie anstimmt, scheint das plötzlich eintretende Schweigen vor Spannung zu vibrieren – bevor es von donnerndem Applaus und begeisterten Zurufen gebrochen wird. Das ist »totales Theater«, das von Bertolt Brecht nach Europa gebracht wurde, indem er ein Yuan-Drama für seinen »Kaukasischen Kreidekreis« adaptierte und auch die leere chinesische Bühne übernahm. J.C.Y.W.

GILLES SABRIÉ

Die chinesische Oper schließt häufig akrobatische Szenen ein, in denen Schlachten nachgestellt werden.

PROVINZ SHANXI, 2005

GILLES SABRIÉ

Die Truppe tritt unentgeltlich in einem kleinen Dorf auf, in dem der erste Sänger zu Hause ist.
PROVINZ SHANXI, 2005

MICHAEL WOLF

Schulkinder fegen jeden Morgen den Hof, bevor der Unterricht beginnt.

YAN'AN, PROVINZ SHAANXI, 2003

Bildung: Die schulische Ausbildung bestand in China größtenteils im Studium der Klassiker, vor allem der »Vier Bücher«, wie sie von den Neo-Konfuzianern des 11. und 12. Jahrhunderts interpretiert worden waren. Die Gelehrten-Elite war mit allen dreizehn Büchern des klassischen Kanons und der dynastischen Geschichte vertraut. Philologie und Epigrafik (Inschriftenkunde) gehörten zum Fortgeschrittenen-Studium in den klassischen Disziplinen; die Geschichte bot Erkenntnisse über den Aufstieg und Fall von Herrschergeschlechtern und lehrreiche Lektionen für die zeitgenössische Staatskunst. Die Bildungsreform begann Ende des 19. Jahrhunderts in der Niedergangsphase der Qing-Dynastie, als Lehrbücher für Lehrpläne geschrieben wurden, die denen westlicher Schulen glichen. Vor der Einführung moderner Lehrbücher war das Aneignen von Wissen über den konfuzianischen Kanon hinaus eine Sisyphusarbeit. Die Benutzung eines Wörterbuchs erforderte beträchtliche philologische Übung. Die allgemeine Schulbildung wurde durch die Kriege in der ersten Hälfte des 20. Jahrhunderts stark beeinträchtigt, doch der nachhaltigste Schaden für ein höheres Bildungsniveau entstand durch die Kulturrevolution, von der sich die Universitäten bis heute nicht erholt haben. Dennoch hat China in den letzten Jahrzehnten große Fortschritte auf der grundlegenden Bildungsebene zu verzeichnen. Das Alphabetentum breitet sich in vielen ländlichen Regionen aus und autodidaktisches Lernen wird durch Lehrbücher, die in die Grundlagen einführen, und Nachschlagewerke vereinfacht. Die Chance für einen Großteil der Bevölkerung, ein Studium zu absolvieren, hat indes Probleme aufgeworfen, die in Ländern wie Japan nicht unbekannt sind. Der immense Druck, Eliteschulen und Universitäten zu besuchen, führt zu immer größeren psychologischen Schwierigkeiten bei Kindern und Eltern. J.C.Y.W.

ALESSANDRO DIGAETANO

Ein Porträt von Karl Marx hängt an der Wand eines ländlichen Klassenzimmers.

HUANGBAIYU, BENXI, PROVINZ LIAONING, 2006

ALESSANDRO DIGAETANO

Oben

Ein weiteres Beispiel für die Kluft zwischen Stadt und Land: Ländliche Schulen sind oft alt und vernachlässigt.

BENXI, PROVINZ LIAONING, 2006

Unten

Immer mehr Schüler lernen nicht nur Chinesisch, sondern auch Englisch.

BENXI, PROVINZ LIAONING, 2006

MICHAEL WOLF

Unter Anleitung der Eltern absolviert eine Akrobatikschülerin ihr Übungsprogramm.

WU QIAO, PROVINZ HUBEI, 2003

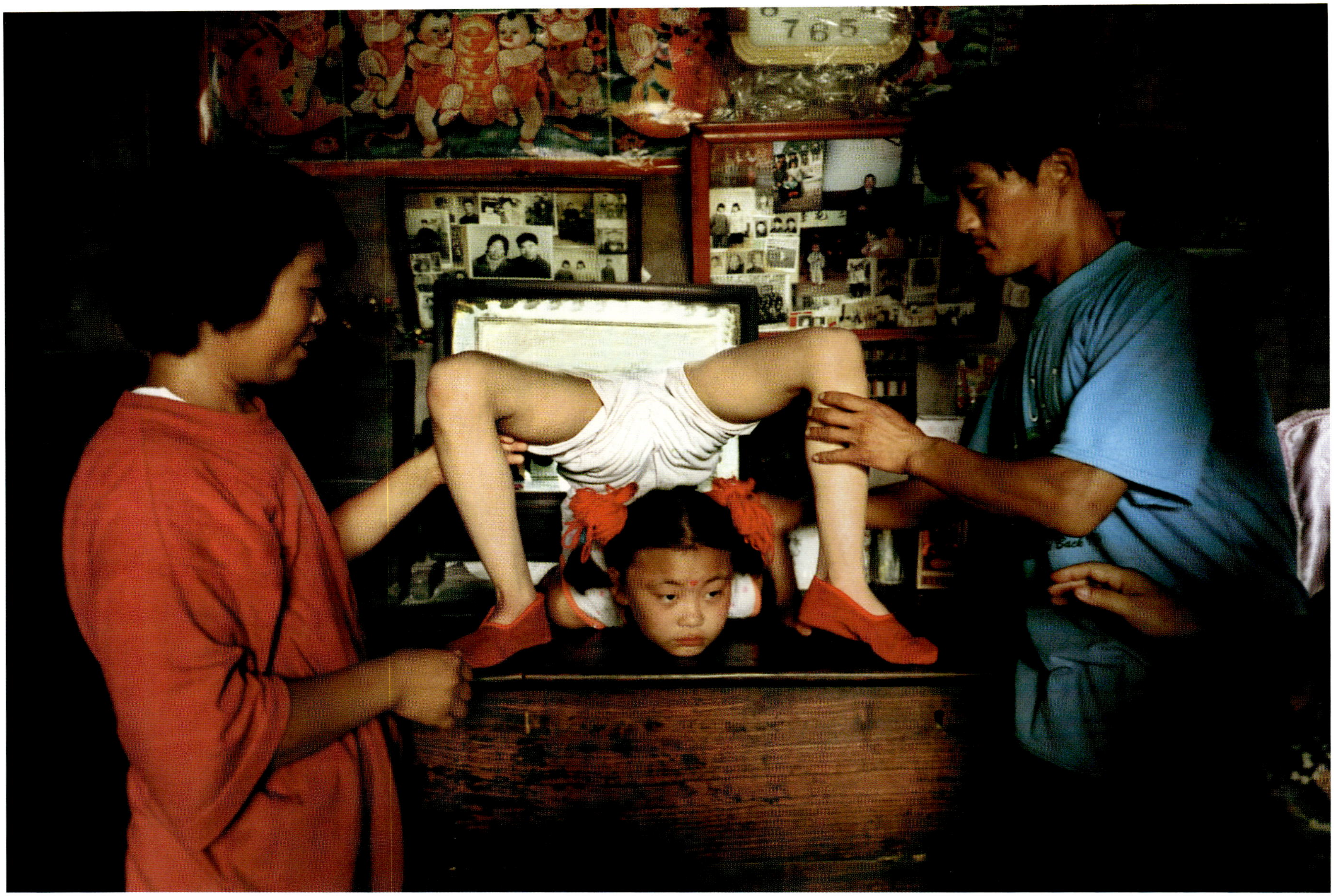

MICHAEL WOLF

Kinder setzen die lokale Tradition in Hebei fort, der Wiege der chinesischen Akrobatik.

PROVINZ HEBEI, 2003

JUSTIN GUARIGLIA

Kung-Fu-Schüler bei synchronisierten Übungen in der Tagou-Akademie.
PROVINZ HENAN, 2004

JULIA CALFEE

Tibetische Frauen nutzen die medizinischen Vorteile des Badens in einer Grotte mit heißer Quelle außerhalb von Tongren.
PROVINZ QINGHAI, 2003

REZA

Ein Mitglied der lokalen Kaltwasser-Schwimmgruppe bereitet sich auf den Sprung von einem aus Eis gemeißelten Sprungbrett vor.

HARBIN, PROVINZ HEILONGJIANG, 1999

ALEXA BRUNET

Oben

Ein buntes Lichtermeer erhellt die aus Eis gemeißelten Gebäude beim jährlichen Eis- und Schneefest in Harbin.

HARBIN, PROVINZ HEILONGJIANG, 2005

Unten

Die Eisskulpturen-Stadt von Harbin zieht Besucher aus aller Welt an.

HARBIN, PROVINZ HEILONGJIANG, 2005

ALEXA BRUNET

Oben

Eine Kartenabreißerin in einem Häuschen vor einem großen Eisskulptur-Schiff.

HARBIN, PROVINZ HEILONGJIANG, 2005

Unten

Eisskulptur-Gebäude beschwören Russland herauf.

HARBIN, PROVINZ HEILONGJIANG, 2005

SAMUEL BOLLENDORF

Minenarbeiter üben für eine Weihnachtsaufführung in der protestantischen Kirche einer Kohlebergbaustadt.

DATONG, PROVINZ SHANXI, 2006

Religion: Die chinesische Einstellung zur Religion könnte man als ungezwungen bezeichnen. Vor nicht allzu langer Zeit konnte eine Beisetzung mit einem Ritual, das von daoistischen (taoistischen) und buddhistischen Mönchen in Folge abgehalten wurde, beginnen und vielleicht sogar mit einer christlichen Begräbniszeremonie enden. Nur die Ahnenverehrung war ein allen religiösen Formen gemeinsames Element, doch ob es sich dabei streng genommen um eine Religion handelt, sei dahingestellt. Buddhisten und Daoisten führten eine (nicht immer friedliche) Koexistenz; sie wurden auf jeder gesellschaftlichen Ebene toleriert und teilweise unterstützt. Was die Religion in China jedoch nie erreichte, war der Status einer Staatsreligion. Buddhisten und Daoisten versuchten zwar, sich in die Politik oder Staatsangelegenheiten einzumischen, doch Kaiser und Priestertum benutzten sich gegenseitig, um ihre eigenen Ziele zu verwirklichen. Seit der Wiederbelebung der offen praktizierten Religion in China (mit bestimmten Restriktionen hinsichtlich der katholischen Kirche, aus historischen und politischen Gründen) lässt sich dieselbe Toleranz beobachten. Im lamaistischen Yonghegong-Tempel in Peking, Anziehungspunkt für Gläubige und Touristen gleichermaßen, wo der Besucher im Dunst der Räucherstäbchen zu ersticken droht, findet man einen Gebetsraum, der dem beliebten Gott Guandi geweiht ist, dem chinesischen Gott des Krieges oder Hüter des Nordens. Es gibt eine große islamische Gemeinde in China, vor allem im Nordwesten, Südwesten und in Beijing. Der Islam selbst führte in China jedoch nie zu Problemen. Die komplexe Situation in Xinjiang Uigur (Chinesisch-Zentralasien), wo die einheimische Bevölkerung überwiegend muslimisch ist, hat weniger mit Religion zu tun, sondern ist eher eine Sache der nationalen und internationalen Politik. J.C.Y.W.

爱
世人

PAOLO PELLEGRIN

Freitagsgebet in der Großen Moschee

XINING, PROVINZ QINGHAI, 2005

DAVID FRANK

Kontrastierende Kleidung vor dem Jokhang-Tempel

LHASA, TIBET, 2006

MICHAEL WOLF

Bei einer daoistischen Beisetzung tragen Angehörige den Sarg zur Grabstätte der Familie.

PROVINZ ZHEJIANG, 2003

MICHAEL WOLF

Die Opfergaben beim Begräbnis – ein Huhn, ein Stück Schwein und ein Stück Leber – symbolisieren drei Götter.
PROVINZ ZHEJIANG, 2003

FRITZ HOFFMANN

Wanderarbeiter feiern ihre Gruppenhochzeit bei einem Bankett mit Kollegen.

ZHONGSHAN, PROVINZ GUANGDONG, 2002

Familie: Die Vorstellung von einer Großfamilie, bestehend aus mehreren Generationen, die unter demselben Dach leben (oder genauer gesagt, auf einem großen ummauerten Anwesen), mag früher ein Ideal gewesen sein, aber es ließ sich nur selten verwirklichen – von einer Minderheit wohlhabender Haushalte abgesehen. Dennoch gelang es Familienmitgliedern gewöhnlich, am selben Ort zusammenzubleiben. Es gibt heute noch Dörfer in China, wo alle Bewohner miteinander verwandt sind und den gleichen Familiennamen tragen. Fast jeder Angehörige der Elterngeneration hat Nichten oder Neffen. Deshalb ist die Angst, die Ein-Kind-Politik könnte dazu führen, dass Kinder ohne Bruder oder Schwester aufwachsen, nicht ganz berechtigt oder zumindest vorgegriffen. Im chinesischen System gelten Cousins und Cousinen väterlicherseits, die den gleichen Familiennamen haben, als Geschwister. Es gibt noch genug Großeltern und Eltern mit Kindern, sodass für Brüder und Schwestern, Onkel und Tanten gesorgt ist, selbst wenn sie nicht in unmittelbarer Nähe leben. Sollte die Ein-Kind-Politik weiterhin strikt durchgesetzt werden, wird sich die Familienstruktur in China jedoch allmählich verändern – auf welche Weise, ist noch nicht absehbar. Die Familienbeziehungen wurden in den letzten Jahrzehnten außerdem durch die Massenmigration unterminiert, gleich ob freiwillig oder gezwungenermaßen. Ürümqi im fernen Westen, nun mit Han-Chinesen aus den Provinzen im Landesinnern bevölkert, war während der Qing-Dynastie ein Ort der Verbannung. Der Unterschied besteht darin, dass es den Menschen heute freisteht, nach Eintritt in den Ruhestand an ihren ehemaligen Wohnort zurückzukehren oder den Arbeitsplatz zu wechseln. Viele Stadtbewohner fahren zu Festen und Familienfeiern in ihre Heimatdörfer zurück. Der Feiertagsverkehr ist in China genauso chaotisch und nervenaufreibend wie anderswo, gleich ob man mit dem Bus, Zug, Fahrrad oder in jüngster Zeit mit dem eigenen Auto unterwegs ist. Der Zusammenhalt der Familien ist nach wie vor groß, bisher zumindest. J.C.Y.W.

MARK HENLEY

An einem Stand werden rosafarbene, männliche Babypuppen für Fruchtbarkeitsgebete am Grab von Fu Xi verkauft, dem mythischen Schöpfer der chinesischen Rasse.

HUAIYANG, PROVINZ HENAN, 2003

GILLES SABRIÉ

Verwandte und Nachbarn finden sich ein, um den männlichen Nachwuchs in einer Familie zu bewundern.

PROVINZ ANHUI, 2006

OLIVIER PIN-FAT

Zu einer traditionellen chinesischen Familie, wie der des Fotografen, gehörten mehrere Kinder.
PROVINZ GUANGDONG, 2000

OLIVIER PIN-FAT

Oben

Zur Beisetzung seines Großvaters nach Hause zitiert, kehrt der Fotograf in sein Heimatdorf zurück.
PROVINZ GUANGDONG, 2000

Unten

Familienmitglieder zünden Räucherstäbchen an.
PROVINZ GUANGDONG, 2000

OLIVIER PIN–FAT

Die Begräbniszeremonien enden mit einem Bankett.

PROVINZ GUANGDONG, 2000

Die Arbeit

ZZ-0031

Nie zuvor in der Geschichte der Welt hat sich die Lebensqualität einer so großen Anzahl von Menschen in so kurzer Zeit verbessert. Es begann 1979, als der chinesische Führer Deng Xiaoping die maoistischen Volkskommunen abschaffte, das in Staatsbesitz befindliche Agrarland wieder in einzelne Familienparzellen aufteilte und den Bauern gestattete, ihre Erzeugnisse auf offenen Märkten zu verkaufen. Seither hat das chinesische Wirtschaftswachstum einen raketenhaften Auftrieb zu verzeichnen, der 1984 von Deng Xiaopings Devise »Reich werden ist glorreich« zusätzlich angekurbelt wurde. Seine Vorgehensweise war alles andere als kompliziert. Er erteilte dem Volk lediglich die Erlaubnis, das zu tun, was der chinesischen Mentalität entsprach: Tag und Nacht arbeiten, um vorwärtszukommen.

Es überrascht wohl kaum, dass China beinahe über Nacht den Übergang von stagnierendem Kommunismus zu blühendem Kapitalismus vollzogen hat. Nach zweitausend Jahren imperialistischer Herrschaft waren die politischen und sozialen Strukturen marode oder zusammengebrochen. Das Land bedurfte eines radikalen Umbruchs: Der Kommunismus war weltweit die neue, revolutionäre Bewegung der Epoche und Mao Zedong ihr Prophet. Zunächst gelang es ihm, den tief verwurzelten Ehrgeiz und Fleiß des Volkes zu nutzen, um China nach dem Modell der sowjetischen Staatswirtschaft umzubauen. Die Industrialisierungswelle fegte über das Land hinweg und die Menschen waren indoktriniert und motiviert, China ökonomisch wieder auf die Füße zu bringen, um mit dem Westen Schritt zu halten, jedoch unter Verwendung einer besseren Erfolgsformel. Der kollektive Kraftakt hatte von 1949 bis Ende der 1950er-Jahre beachtliche Fortschritte zu verzeichnen.

Dann fühlte sich Mao durch die wachsenden Spannungen mit der Sowjetunion genötigt, zehntausend in China ansässige sowjetische Berater des Landes zu verweisen. Während der folgenden zwanzig Jahre, die von unbeschreiblichem Elend gekennzeichnet waren und als der Große Sprung nach vorn und die Kulturrevolution in die Geschichte eingingen, scheute er vor Terror und psychologischer Manipulation nicht zurück. Nachdem die Menschen die ersten Früchte des Fortschritts gekostet hatten, wurden sie plötzlich gegeneinander ausgespielt, wurden praktische Aspekte von ideologischen Erwägungen niedergeknüppelt und das Experiment endete in einer der spektakulärsten politischen, ökonomischen und sozialen Katastrophen der Welt.

Als Deng Xiaoping 1978 das Ruder übernahm, befanden sich die chinesischen Werktätigen in einem kollektiven Koma. Büroangestellte verbrachten den Tag damit, Tee zu trinken und Zeitung zu lesen. Fabrikarbeiter faulenzten, rauchten oder schliefen. Die Bauern legten gerade genug Eifer an den Tag, um eine Hungersnot abzuwehren, und zweigten so viel wie möglich von den Nahrungs- und Finanzreserven der Kommune ab.

Dann bot Deng Xiaoping dem chinesischen Volk die Chance, auf die es lange gewartet hatte. Sie kündigte sich in zwei Schritten an, aber er musste die Menschen nicht zweimal auffordern, sie zu ergreifen. Sie nutzten die Gelegenheit und starteten durch zu einer wirtschaftlichen Aufholjagd ohnegleichen. Das chinesische Volk ist überzeugt, dass sein Land für Großes ausersehen und die lange Talsohle endlich überwunden ist. Es wird nicht zulassen, dass es von den Wirtschaftsmächten der westlichen Welt abermals abgehängt wird.

Die Natur hat es mit China nicht besonders gut gemeint. Das Land besitzt nur wenige natürliche Rohstoffe. Doch eine Ressource ist im Überfluss vorhanden: Millionen strebsame, hart arbeitende Menschen, die sich, wenn man ihnen die Chance bietet, auf die Ausbildung ihrer Kinder konzentrieren, sich gegenseitig unerbittlich Konkurrenz machen und einen bemerkenswerten Unternehmergeist an den Tag legen.

Das Ergebnis dieser explosiven Freisetzung angestauter Ambitionen war einer der spektakulärsten wirtschaftlichen Umwandlungsprozesse der Geschichte. China kann jedes Jahr mit der

Präzision eines Uhrwerks auf eine Wachstumsrate von zehn Prozent verweisen. Das reale Bruttoinlandsprodukt ist um das Zwölffache gestiegen und heute gilt China als viertgrößte Volkswirtschaft und drittgrößte Handelsnation der Welt. Die Anzahl der Industriearbeiter hat sich auf mehr als einhundert Millionen verdoppelt und China wurde zum begehrtesten Produktionsstandort der Welt. Die Exporte bringen dem Land jedes Jahr ungefähr zweihundert Milliarden US-Dollar an zusätzlichen Devisenreserven ein. Die Chinesen sind nicht nur fleißig, sondern auch genügsam. Als die Bauern in den 1980er-Jahren neue Bareinnahmen erzielten, gefolgt von den Fabrikarbeitern in den 1990er-Jahren, legten sie ihre Ersparnisse in chinesischen Banken an und verschafften dem Land somit eine Sparquote der privaten Haushalte von fünfzig Prozent.

Die Eisenbahnstationen sind ein Dreh- und Angelpunkt, an dem man einen Vorgeschmack auf die riesigen Menschenmassen in China erhält. Bauern, zu allem bereit, schleppen sich nach Ankunft in den Großstädten unter ihren Kleiderbündeln durch die Straßen, auf der Suche nach einer Gelegenheit, Geld zu verdienen. Die brodelnde Energie, die in den Großstädten spürbar wird, kann erschreckend sein. Das Heer der ungelernten Arbeiter lebt in Wellblechbaracken, ein Dutzend Männer teilen sich einen Raum; sie arbeiten sieben Tage in der Woche, um ihre daheimgebliebenen Familien zu versorgen. Sie haben Hunderte von neuen Häfen, Flughäfen, Kraftwerken und Dämmen gebaut; haben Zehntausende von Wohn- und Bürogebäuden errichtet; haben Hunderttausende von Kilometern Straße, Autobahn, Eisenbahn- und U-Bahntrasse verlegt. China war und ist ein einziges gigantisches Konstruktionsprojekt. Bauernjungen verlassen ihre Familien, um ihren Lebensunterhalt als Schweißer, Maurer, Betondeckenfertiger und Hochhaus-Stahlbauer zu verdienen. Heranwachsende Jungen tragen Kohlenkörbe auf dem Rücken, die Minenschächte hinauf und hinunter, für einen Lohn von einem US-Dollar pro Zwölfstundentag. Bauernmädchen arbeiten als Näherinnen, setzen am Fließband Spielwaren oder Leiterplatten zusammen, säubern Fische, sortieren landwirtschaftliche Erzeugnisse, bedienen in Restaurants oder Garküchen, trennen Müll und wickeln die Kinder anderer, während sie in überfüllten Wohnheimen leben, wo Schlaf, Duschen und Freizeit als gestohlene, dem Arbeitsprozess gehörende Zeit gilt.

Auf einer anderen Ebene sind in Chinas Großstädten Geschwindigkeit, Unersättlichkeit und Wettbewerb an der Tagesordnung. China hat die schnellsten Fahrstuhltüren der Welt. Die Leute steigen bereits ein, bevor die anderen auch nur die Chance hatten auszusteigen. China ist ein Land, in dem eine ausländische Führungskraft zufällig ein paar Worte mit einem chinesischen Arbeiter wechselt und dann feststellen muss, dass dieser alle paar Wochen mit einem neuen Geschäftsvorschlag in seinem Büro aufkreuzt. Die Kommunistische Partei Chinas scheint zu erkennen, dass sie nur dann eine Chance hat, an der Macht zu bleiben, wenn sie die Stabilität aufrechterhält und dafür sorgt, dass alle arbeiten, vorwärtskommen und den wachsenden Erwartungen entsprechen können. Das erklärt das exponenzielle Wachstum der Bildungseinrichtungen. Zwischen 1990 und 2004 baute China rund siebenhundert neue Universitäten und die Immatrikulationen verdreifachten sich von 1,6 Millionen auf etwa vier Millionen. China hat schätzungsweise sechshunderttausend junge Leute zu Studien ins Ausland geschickt und etwa einhundertfünfzigtausend sind nach abgeschlossener Ausbildung zurückgekehrt. Viele, die in ihrem Gastland bleiben, pendeln indes hin und her, um Geschäfte in der Heimat zu tätigen. China bietet inzwischen einhundertfünfzig heimische MBA-Programme, einige in enger Zusammenarbeit mit amerikanischen und europäischen Universitäten.

Die rasante und erfolgreiche Wirtschaftsentwicklung beginnt nun dem Rest der Welt Angst zu machen. Zuerst waren es die Fabrikarbeiter in den westlichen Ländern, die auf China blickten und einen Verlust ihrer Arbeitsplätze an ungelernte Kräfte befürchteten, die hundert US-Dollar im Monat verdienen und oft sieben Tage in der Woche arbeiten. Doch der Wettbewerb findet inzwischen mehr und mehr auf einer höheren Ebene statt. China bringt jedes Jahr mehr als achthunderttausend Ingenieure mit Hochschulabschluss hervor. Einige zehntausend gut ausgebildete und hochmotivierte chinesische Wissenschaftler und Forscher arbeiten inzwischen in Bereichen wie Stammzellengewinnung, Werkstoffkunde, Elektronik, Raketen- und Satellitentechnik, Software- und Silikon-Chips-Entwicklung und Cyberspace-Experimenten in etwa achthundert, von multinationalen Unternehmen geleiteten Forschungs- und Entwicklungszentren und einigen weiteren Tausend »Denkfabriken«, die von der Regierung oder chinesischen Unternehmen ins Leben gerufen wurden. Chinesische Finanziers oder Investmentbanker gehören zu den Spitzenspielern in den globalen Kapitalmärkten und im Fusions- und Akquisitionspoker.

Doch China ist kein Moloch, wie viele glauben. Die chinesische Wirtschaft hat nur ein Fünftel der Größe, mit der Amerika aufwarten kann. Die größten und bekanntesten Unternehmen des Landes befinden sich immer noch in Staatsbesitz und haben mit Korruption und einer Politik zu kämpfen, die sie schwächt. Ungefähr sechzig Prozent der chinesischen Exporte stammen von ausländischen Firmen, die in China investiert haben, bei Elektronik- und Telekommunikationsprodukten liegt dieser Anteil bei etwa achtzig Prozent. Chinesische Markennamen finden weltweit nur wenig Verbreitung, trotz der Bemühungen der chinesischen Regierung, einhundertzwanzig chinesische Unternehmen dazu zu veranlassen, ihre Markenpräsenz auf der internationalen Bühne auszubauen, und des Appells, dass fünfzig chinesische Firmen bis zum Jahr 2010 den Sprung auf die Liste der »Fortune 500« schaffen sollten.

Wichtiger sind allerdings die wachsenden Spannungen hinter den Kulissen, sowohl in den Großstädten als auch auf dem Lande. Auf den ersten Blick scheinen die zeitlosen ländlichen Regionen eine friedvolle Idylle zu sein. Die Bauern pflanzen Reis an, säen Getreide aus, ernten ihre landwirtschaftlichen Erzeugnisse und leben wie seit Jahrtausenden mit ihren Schweinen, Enten und Hühnern auf engstem Raum. Doch die Einkommen in der Landwirtschaft stagnieren seit dem ersten Reformjahr von Deng Xiaoping. Die Bauern sind auf die finanzielle Unterstützung ihrer Kinder angewiesen, die in der Stadt arbeiten. Auf dem Land leben rund vierhundertfünfzig Millionen Menschen im erwerbsfähigen Alter. Doch weniger als zweihundert Millionen werden auf den landwirtschaftlichen Parzellen gebraucht, die oft nicht größer als eine Briefmarke sind.

Die ländlichen Regionen Chinas wandeln sich, die einstige Zeitlosigkeit weicht der Ruhelosigkeit. Bauernmädchen heiraten immer noch in Familien ein, in denen sie buchstäblich zu Sklavinnen ihrer Schwiegermütter werden. Ein solches Leben ist besonders frustrierend, seit das Satellitenfernsehen Seifenopern ausstrahlt, in denen der Glitzer und Glamour von Shanghai und der verdächtige Reichtum eines Landes zur Schau gestellt werden, in dem die Aktienmärkte das weltweit größte öffentliche Zeichnungsangebot auflegen. Das Ergebnis ist eine Selbstmordrate unter Frauen auf dem Land, die einer Epidemie gleicht: Junge Frauen, die keine Möglichkeit sehen, ihrem Schicksal zu entrinnen und in der Stadt zu arbeiten, geben auf und trinken Schädlingsbekämpfungsmittel. Bauern bringen unverblümt ihren Groll zum Ausdruck, wenn die einst gefürchteten Parteifunktionäre sie enteignen und ihnen eine winzige Entschädigung zahlen, um Luxuswohnungen oder Industriebetriebe zu errichten, die ihre ländliche Wasserversorgung mit toxischen Chemikalien verunreinigen. Die Bereitschaftspolizei ist in den ländlichen Regionen heute genauso ausgelastet wie die Parteikader, die mit der Agrarwirtschaft befasst sind.

Maos Kulturrevolution hat die chinesische Familie und das soziale System angegriffen. Kinder wurden gezwungen, ihre Eltern zu denunzieren, und Schüler und Studenten folterten oder töteten bisweilen ihre Lehrer wegen eines angeblichen politischen Fehlverhaltens. Deng Xiaopings ökonomische Revolution richtete ihren eigenen Schaden an. Bauernkinder wachsen ohne Eltern auf, weil Wanderarbeiter ihre Sprösslinge oft bei den Großeltern zurücklassen.

Die wachsenden Probleme sind in den Städten noch offenkundiger. Die Einkäufer der riesigen Einzelhandelsketten verringern ständig die Gewinnspannen der Fabriken, um die Preise niedrig zu halten. Die Wanderarbeiter werden ausgebeutet. Sie haben kaum oder gar keinen Zugang zu Krankenhäusern und Gesundheitsvorsorge. Wenn sie ihre Kinder mitnehmen, haben diese selten die Möglichkeit, lokale Schulen zu besuchen. Sie sind Bürger zweiter Klasse in ihrem eigenen Land.

Im Einzugsgebiet der Städte besitzt nur die Hälfte der Bewohner eine Krankenversicherung. In ländlichen Gegenden beläuft sich die Anzahl auf ein Fünftel. Nach Angaben des Internationalen Währungsfonds hatten im Jahr 2005 nur vierzehn Prozent der chinesischen Werktätigen eine Arbeitslosenversicherung. China droht zudem an seinem Erfolg zu ersticken. Zwei Drittel der gewonnenen Energie stammen aus Kohle, überwiegend mit hohem Schwefelgehalt. China ist der zweitgrößte Produzent von Treibhausgasen nach den USA. Die Luft in großen Teilen Chinas ist verpestet, hier befinden sich sechzehn der zwanzig weltweit am stärksten mit Schadstoffen belasteten Großstädte. Die Flüsse in China, reich an Industrieabwässern, präsentieren sich in giftig schillernden Farben.

Die Bevölkerung wirkt hektisch und ausgelaugt. Weltklasse-Restaurants, luxuriöse Wellness-Einrichtungen und Kurorte, quirlige Diskotheken und Nachtclubs, feudale Vorortvillen und Luxusapartments prägen das Bild, das gestern noch von Menschen in Mao-Einheitskleidung bestimmt war, die mit dem Fahrrad unterwegs waren, um ihre Kohlezuteilung für den Winter abzuholen. Trotz des neuen Wohlstands fühlen sich die Menschen innerlich leer. Sie jagen jeder Chance hinterher und liefern sich einen gnadenlosen Konkurrenzkampf. Sie streben danach, immer mehr Geld anzuhäufen, immer höhere Positionen zu erklimmen. Der Rhythmus des Lebens ist unerbittlich, er gleicht dem eines ehrgeizigen Studenten, der für die nächste Prüfung büffelt und sich dann anschickt, die nächste Sprosse der Erfolgsleiter zu erklimmen. Diese Überflieger machen rein äußerlich einen zuversichtlichen und gut situierten Eindruck, sind aber innerlich verunsichert und besorgt. Wie sich diese Unsicherheit langfristig auswirkt, lässt sich nur schwer vorhersagen.

Das größte Problem in China könnte ebendiese Frage sein, ob und wie sich dieser Boom aufrechterhalten lässt. Die 1979 eingeführte Ein-Kind-Politik führt zu einer rapiden Überalterung der Bevölkerung und einem Schwund der Arbeitskräfte, die Chinas gierige Fabriken bei Kräften halten. Im Gegensatz zur landläufigen Meinung kann China nicht auf einen endlosen Nachschub an jungen Bauern zurückgreifen, die in die Städte abwandern, um für Niedriglöhne in den Fabriken zu arbeiten. Heute leben etwa einhundertzehn Millionen junge Chinesen zwischen zwanzig und neunundzwanzig Jahren auf dem Land, ein optimales Alter für die Fabrikarbeit. Das Arbeitskräftepotenzial in den chinesischen Fabriken muss alle fünf oder sechs Jahre aufgestockt werden, weil die meisten nur auf Zeit die Plackerei und überfüllten Schlafsäle in Kauf nehmen und mit ihren Ersparnissen nach Hause zurückkehren. Vor sechs Jahren lebten noch einhundertsechzig Millionen Menschen im Alter zwischen zwanzig und neunundzwanzig Jahren auf dem Land. Schätzungen zufolge wird die Anzahl bis 2030 unter fünfzig Millionen sinken.

In China wird es bald an billigen Arbeitskräften mangeln. Die Löhne werden dramatisch steigen müssen, um Arbeiter für die Fabriken zu gewinnen, und die Fabriken müssen weiter ins Inland verlegt werden, um den Wohnorten der Werktätigen näher zu sein, was wiederum die Transportkosten erheblich verteuern wird. Schon jetzt sind in manchen chinesischen Regionen Lohnerhöhungen von zwölf Prozent im Jahr die Norm.

Es besteht kein Zweifel, dass die Chinesen auch weiterhin hart arbeiten werden. Diese Eigenschaft scheint genetisch bedingt zu sein. Doch dazu wird man sie besser bezahlen und besser behandeln müssen.

QILAI SHEN
Reisernte
GUILIN, PROVINZ GUANGXI, 2005

Landwirtschaft: Nahrung ist das A und O in China. Die Leute trinken normalerweise keinen Alkohol, ohne eine Mahlzeit vor sich zu haben, und bei wichtigen geschäftlichen oder gesellschaftlichen Anlässen biegt sich der Tisch unter den Delikatessen, auch wenn ein solches Bankett eine große Belastung für die Kaufkraft darstellt. Viele Landstriche in China haben ihre eigene regionale Küche, von den haarigen Krebsen in den Vorstädten Shanghais bis zu den Klößen von Beijing, den von Hand ausgezogenen Nudeln von Lanzhou und dem Ziegenkäse mit Schinken in Yunnan; ganz zu schweigen von der kulinarischen Menagerie der Ratten, Zibetkatzen, Eulen, Schlangen und Katzen, die für Guangdong typisch ist. Die Mehrzahl der Chinesen befindet sich jedoch in Sichtkontakt oder auf Armeslänge mit dem Beginn der Nahrungskette. Ein chinesischer Bauer lebt auf engstem Raum mit seinen Tieren und nutzt jede Handbreit Boden für den Ackerbau, selbst wenn er die Schösslinge in einer Sandgrube von Hand bewässern muss. Ungefähr achthundert Millionen der 1,3 Milliarden Menschen in China leben auf dem Land, wobei selbst die besser situierten Bauern nur ein jährliches Bareinkommen von ein paar Hundert US-Dollar erzielen. Ein Teil dessen, was sie anbauen und züchten, dient dem Eigenbedarf. Den Rest verkaufen sie: Sie bieten Reisenden süßsauer eingelegte Schweineschnauzen auf Bahnsteigen an, schleppen Kohl auf Eselskarren zu den Märkten in Beijing, bauen auf riesigen Feldern Blumen an, bei deren Anblick Holland vor Scham erröten würde, und bieten Obst an jeder Landstraße feil, um ihre Einnahmen aufzubessern. Mehr als zweihundert Millionen Menschen im erwerbsfähigen Alter ziehen als *liu dong ren kou* oder »vagabundierende Bevölkerung« kreuz und quer durchs Land, auf der Suche nach Arbeit, um ihren Lebensunterhalt zu verdienen, da sie in der Landwirtschaft nicht gebraucht werden. Die Eisenbahnstationen in China gleichen heute Ellis Island um die Jahrhundertwende, als Amerika von einem Einwandereransturm überrannt wurde. Chinas Landflucht – mindestens einhundertfünfzig Millionen Menschen wanderten in den letzten zwanzig Jahren in die Städte ab – war der Motor für das immense Exportwachstum. China hat sich immer auf dem Rücken der Bauern zu Größe oder Wohlstand aufgeschwungen, damals wie heute, gleich ob diese auf ihren Gehöften bleiben oder sich als ungelernte Arbeiter in den Städten verdingen. J.McG.

MICHAEL WOLF

Eine Frau trägt Reissäcke auf traditionelle chinesische Art.

PROVINZ FUJIAN, 2006

QILAI SHEN

Eine Arbeiterin bedient eine Maschine in der Golden-Era-Teppichfabrik.

LIAWI, PROVINZ SHANDONG, 2005

UNBEKANNTER FOTOGRAF

Arbeiterinnen bereiten gedämpftes Brot zu, eine traditionelle Speise während des Frühlingsfestes.

XIANJU, PROVINZ ZHEJIANG, 2005

JULIA CALFEE

Der Sonntagsmarkt in Kashi (Kaschgar) ist der wichtigste traditionelle Markt in Zentralasien.

KASHI, XINJIANG UIGUR, 2005

SHARRON LOVELL

Die neu erbaute Stadt Fengdu greift auf die alte Stadt über.

FENGDU, CHONGQING, 2006

FRITZ HOFFMANN

Fischer holen in der Morgendämmerung ihre Tauchnetze aus dem Wasser des Jangtse-Flusses ein.

YIBIN, PROVINZ SICHUAN, 1998

UNBEKANNTER FOTOGRAF

Junge Mädchen führen Akrobatik-Kunststücke auf der Straße vor, um Geld zu verdienen.

CHANGCHUN, PROVINZ JILIN, 2006

Straßenarbeit: Der Kapitalismus in China hat oft eine aggressive Komponente. Wenn man durch die Straßen der Innenstadt schlendert, wo Geschäfte und Restaurants große Menschenmassen anlocken, ist man ständig Angriffen auf den Geldbeutel ausgesetzt. Kleine Jungen zupfen die Touristen am Ärmel, um eine Auswahl glitzernder, nachgemachter Markenuhren anzupreisen. Andere schleichen sich an, öffnen Schachteln und flüstern: »DVD, DVD, DVD, schau, schau, Filme und Fernsehsendungen. Spottbillig.« Bettlerinnen vom Land mit schmutzigen Gesichtern rempeln die Passanten an, einen Säugling in den Armen. Behinderte strecken einem die verkrüppelten Gliedmaßen entgegen. Kinderakrobaten und Schlangenmenschen drehen, winden und verknoten sich, um Aufmerksamkeit und ein paar Münzen zu ergattern. Mädchen im Teenageralter mit ultrakurzen Miniröcken und tonnenweise Make-up stehen auf den Türschwellen von Massagesalons und versprechen ein ungetrübtes Vergnügen. Manchmal hat es den Anschein, als ob in China jeder darauf versessen ist, Geld zu verdienen, Tag und Nacht. Doch das Wissen, in einer Bevölkerung von 1,3 Milliarden Menschen als Niemand geboren zu werden, inmitten einer Wirtschaft, in der Goldgräberstimmung herrscht, treibt die Menschen an, jede Gelegenheit zu ergreifen, die sich bietet, und nahezu alles zu tun, um Geld zu verdienen. Trotz der hektischen Aktivitäten spürt man ein gewisses Maß an Fröhlichkeit. Das Leben ist jetzt schon um einiges besser als früher und es kann nur noch besser werden. Solange diese Einstellung vorherrscht, kann es mit dem Land weiter aufwärtsgehen. Doch zwanzig Jahre des halsbrecherischen Wachstums haben die Erwartungen in China ungeheuer hochgeschraubt. J.McG.

9月
恒客隆大卖

ALEX MAJOLI

Eine junge Prostituierte

WUHAN, PROVINZ HUBEI, 2003

ALEX MAJOLI

Ein Friseur beim Haareschneiden in einem Laden in einer Seitenstraße

CHONGQING, PROVINZ SICHUAN, 2003

GILLES SABRIÉ

Arbeitslose Jugendliche preisen ihre Fähigkeiten auf dem Arbeitsmarkt in Chengdu an.

CHENGDU, PROVINZ SICHUAN, 2003

火鍋
炒料 調料
串串香
墩子
涼菜

SAMUEL BOLLENDORFF

Ein Mann und sein Sohn sammeln ein paar Stücke Kohle für ihren Privatbedarf.

TAIYUAN, PROVINZ SHANXI, 2006

Kohle: China ist nicht gerade mit Rohstoffen gesegnet. Das Land besitzt wenig Rohöl und keine großen Edelmetallvorkommen. Was es im Überfluss hat, ist Kohle, scheinbar endlose Flöze von der schwefelreichen Sorte. In manchen chinesischen Städten ist die Luft zum Schneiden dick und die Kohle ist die Hauptursache der schätzungsweise vierhunderttausend Todesfälle im Jahr, die mit Atemwegsproblemen in Folge der Luftverschmutzung in Verbindung stehen. Ungefähr alle zehn Tage eröffnet China ein neues Kohlekraftwerk, um den unersättlichen Energiebedarf des Landes zu decken. Menschen, die früher in Ziegelhütten lebten, bewohnen nun moderne Apartmentgebäude mit Klimaanlage, Vergnügungszentren, Waschmaschine, Mikrowelle und einem Automobil in der Tiefgarage. Dass diese Nachfrage nach Luxusgütern gedeckt werden kann, ist den Bergleuten zu verdanken, rund 3,7 Millionen jungen Bauernburschen und ergrauten Männern mit geschwärzten Gesichtern, die eine lebensgefährliche Arbeit verrichten. Regierungsstatistiken beziffern die Anzahl der Bergleute, die seit der Gründung der Volksrepublik China im Jahre 1949 bei einem Grubenunglück starben, mit mehr als zweihundertfünfzigtausend. China produziert fünfunddreißig Prozent der weltweiten Kohle und liegt mit einem Anteil von achtzig Prozent an der weltweiten Todesrate infolge von Grubenunglücken im vorderen Feld, wobei der offizielle Durchschnitt bei mehr als sechstausend Bergleuten im Jahr liegt. Dazu kommt, dass ungefähr sechshunderttausend chinesische Bergleute an einer Staublunge leiden, und diese Zahl erhöht sich jährlich um siebzigtausend. Das Problem ist, dass Zehntausende von Zechen Kleinbetriebe sind, geleitet von skrupellosen Männern, die den Schutz korrupter lokaler Regierungsbeamter genießen. Die Regierung hat sich zum Ziel gesetzt, viertausend dieser Bergwerke pro Jahr zu schließen, um Leben zu retten und die Luftverschmutzung zu verringern. J.McG.

Oben

SAMUEL BOLLENDORFF

Hao Laowu, seit zwanzig Jahren Bergmann, sagt: »Sie nennen uns ›Helden der Industrie‹, aber sie haben es nur auf unser Blut und unseren Schweiß abgesehen.«

TAIYUAN, PROVINZ SHANXI, 2006

Unten

IAN TEH

Arbeiterinnen in einem Kohlenbergwerk außerhalb von Datong, der Kohlemetropole Chinas

DATONG, PROVINZ SHANXI, 2006

IAN TEH

Oben

Blick aus einem Hotelzimmer auf die im Smog verschwindende Skyline von Datong

DATONG, PROVINZ SHANXI, 2006

Unten

Kinder spielen auf Feldern, die auf Kohlenbergbau-Dörfer hinabblicken.

PROVINZ SHANXI, 2006

IAN TEH

Bergleute kehren nach dem Schichtwechsel in den Kohlengruben nach Hause zurück.
PROVINZ SHANXI, 2006

GILLES SABRIÉ

Arbeiter im Eisen- und Stahlkomplex (einem Staatsunternehmen) von Baotou

BAOTOU, INNERE MONGOLEI, 2006

TONY LAW

Bau einer U-Bahn im Luohu-Viertel von Shenzhen

SHENZHEN, PROVINZ GUANGDONG, 2002

TONY LAW

Schnellstraßenüberführung im Panyu-Distrikt

GUANGZHOU, 2002

JOHN STANMEYER

Arbeiter transportieren Tag und Nacht Schutt und Schlamm ab, der aus dem Jangtse-Fluss hochgepumpt wird.

CHONGQING, PROVINZ SICHUAN, 1999

Wanderarbeiter: Sie strömen vom Land in die Stadt, mit nichts weiter als einem Kleiderbündel, ohne Schulbildung oder Beruf, aber bereit, alles zu tun, um Geld zu verdienen und ihre Angehörigen in den verarmten Heimatdörfern finanziell zu unterstützen. Die Arbeitsmöglichkeiten, die ihnen offenstehen, sind auf der untersten Sprosse der ökonomischen Leiter angesiedelt, aber immer noch besser, als sich auf dem Familiengehöft zu schinden, wo Bareinkommen von einhundert bis zweihundert Dollar pro Jahr keineswegs ungewöhnlich sind. Für einen Monatslohn von ein paar Hundert Dollar massieren sie nun Füße und Körper der Reichen in Massagesalons, verrichten zwölf Stunden am Tag monotone Fließbandarbeit, betreuen und hätscheln die Kinder der urbanen Mittelklasse, stapfen durch den Schlamm, um Tunnel zu graben, kriechen über die stählernen Tragbalken von Hochhäusern, die sich im Bau befinden. Sie schleppen Golftaschen, servieren Speisen und Getränke und bestellen die eine oder andere Parzelle Ackerland am Rande der Vorstädte, die früher von Bauern bewirtschaftet wurde, die nun in den Städten arbeiten und keine Zeit mehr haben, sich selbst um ihre Felder zu kümmern. Sie leben in Wellblechbaracken auf den Baustellen, mit zwölf Personen in Schlafsälen zusammengepfercht, wo die Kojen wie Feuerholz übereinandergestapelt sind, oder auf einem Feldbett neben der Waschmaschine im Haus ihres Arbeitgebers. Die wenigen freien Stunden verbringen sie wie »Voyeure«, schlendern durch die Straßen, um in das Innere glamouröser Nachtclubs oder exklusiver Restaurants zu spähen, bevor sie sich vor einer Garküche niederlassen, wo sie sich mit Freunden eine Schale Nudeln und eine Flasche Bier teilen. Zum chinesischen Neujahrsfest kehren sie nach Hause zurück, um ihren neuen Wohlstand und ihre Weltläufigkeit zur Schau zu stellen. Doch es zieht sie schon nach kürzester Zeit wieder in die Stadt, denn in ihren Heimatdörfern ist kein Geld zu verdienen. J.McG.

GREG GIRARD

Wanderarbeiter bei der Abfahrt des Zuges, der sie zu ihren Arbeitsplätzen in der Provinz Guangdong bringt

CHANGSHA, 1996

DAVID BUTOW

Wanderarbeiter verzehren ihr Mittagsmahl neben den von ihnen verlegten Schienen.

SHANGHAI, 2005

PATRICK ZACHMANN

Wanderarbeiter putzen Fenster.

BEIJING, 2006

FRITZ HOFFMANN

Ein ehemaliger Bauer aus Zhejiang errichtet Gerüste für den Bau eines neuen Hochhauses in Shanghai.

SHANGHAI, 1997

SEBASTIÃO SALGADO

Arbeiterinnen montieren Lenkstangen in der Forever Factory, in der Fahrräder zusammengesetzt werden.
SHANGHAI, 1996

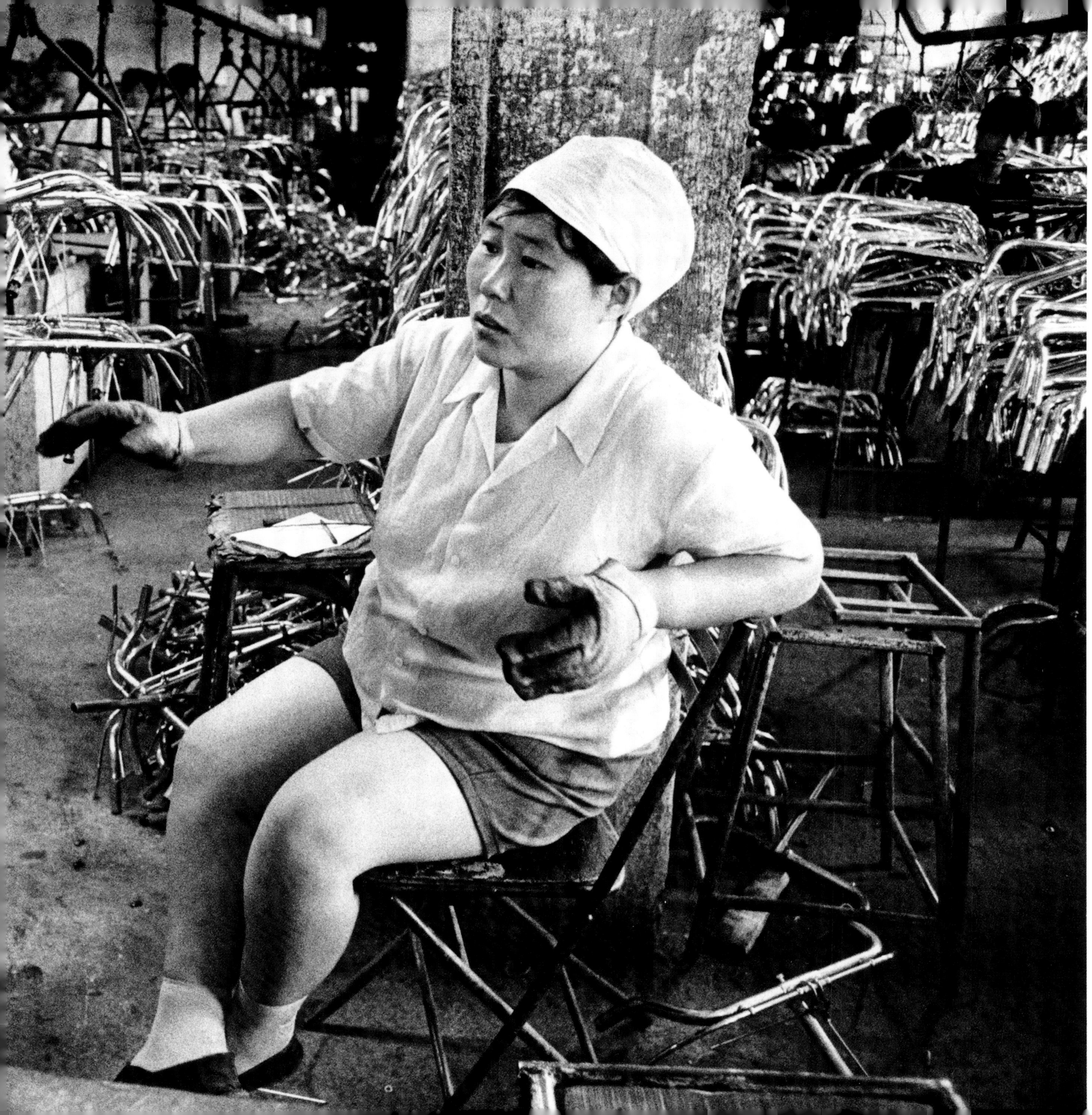

STÉPHANE REMAEL
Schlafkammer eines Arbeiters
BEIJING, 2006

Rechte Seite
MICHAEL WOLF
Arbeiter-Wohnviertel
PROVINZ GUANGDONG, 2004

SIGMA
12
14

DANIELE MATTIOLI

Die Sigma-Fabrik recycelt Schrottautos aus aller Welt.

SHANGHAI, 2003

MARK LEONG

Mangelnder Erfolg in der Stadt bewog dieses junge Mädchen, nach Hause zurückzukehren.

PROVINZ GUANGXI, 2004

STÉPHANE REMAEL

Angestellte des Château Maison Laffitte warten auf potenzielle Gäste, reiche Chinesen, die sich ein Essen in einem der privaten »Dining Rooms« des Hotels leisten können.

BEIJING, 2007

NINA BERMAN

Wanderarbeiterinnen nehmen Tanzstunden in einem Stadtpark.
SHENZHEN, PROVINZ GUANGDONG, 2004

MARK LEONG

Manpower in Shanghai ist auf die Vermittlung langfristiger Arbeitsplätze und Headhunting spezialisiert.

PUDONG-DISTRIKT, SHANGHAI, 2006

DAVID BUTOW

Weihnachtsmänner bei einer Werbeveranstaltung von Coca-Cola auf der Nanjing-Straße

SHANGHAI, 2005

MARK LEONG

Das Zentrum für Pflanzentransformation forscht über genetisch veränderte Pflanzen, einschließlich Reis und Getreide.

BEIJING, 2005

Hightech: Wenn man am Bund, der Uferpromenade des alten Shanghai, vor den Granitgebäuden steht, die in den 1800er-Jahren von den Europäern und Amerikanern errichtet wurden, als sich Shanghai unter kolonialer Herrschaft befand, blickt man auf die Silhouette des neuen Shanghai, des Pudong-Distrikts. Die an das Raumfahrtzeitalter angepasste Skyline der Wolkenkratzer sieht aus, als wäre sie von den Illustratoren der Zeichentrickserie »Die Jetsons« entworfen worden. Und Pudong ist kein Einzelfall: Das Land, das mit Billiglohn-Arbeitskräften und dem Export von Kleidung, Spielwaren, Schuhen und Schnickschnack jedweder Art eine Machtposition in der Welt anstrebt, drängt gleichzeitig auch an die Spitze der Technologie-Entwicklung. Multinationale Unternehmen haben mehr als tausend Forschungs- und Entwicklungszentren in China errichtet, die das Reich der Mitte zu einem der Hauptakteure auf der weltweiten Innovationsbühne machen werden, da es sich nun auch in die weltweite Versorgungskette mit Konsumgütern eingeklinkt hat. China bemüht sich, die Forscher und Erfinder unter den sechshunderttausend Studenten, die in den letzten fünfundzwanzig Jahren eine Ausbildung im Ausland absolviert haben, mit allen Mitteln nach Hause zurückzulocken. Laboratorien werden großzügig mit staatlichen Geldern versorgt, in der Hoffnung, dem Land eine weltweite Führungsposition in allen möglichen zukunftsträchtigen Bereichen zu verschaffen, von der Materialkunde bis hin zur Biotechnologie, von Silikonchips bis zur Raumfahrt. Fraglich ist nur, ob eine Regierung, die den Informationsfluss kontrolliert, die Redefreiheit beschränkt und das Bildungswesen indoktriniert, sowohl das Potenzial als auch das wissenschaftliche Ökosystem entwickeln kann, das für echte Neuerungen erforderlich ist. Im Augenblick führt China eher auf dem Gebiet der »inkrementalen Innovation«, indem es sich das intellektuelle Eigentum und die Erfindungen anderer zu eigen macht und bereits im Handel befindliche Produkte schrittweise verbessert. J.McG.

Oben
QILAI SHEN
Fabrikarbeiter bauen Automobile im Volkswagenwerk in Shanghai (SVW) zusammen.
SHANGHAI, 2006

Unten
ALESSANDRO DIGAETANO
Dalian ist Chinas größter Umschlaghafen für Rohöl.
DALIAN, PROVINZ LIAONING, 2004

MICHAEL S. YAMASHITA

Der International Terminal in Hongkong ist der größte Containerhafen der Welt.

HONGKONG, 1997

ALESSANDRO DIGAETANO

Das Beijing National Stadium, »Vogelnest« genannt, wurde eigens für die Olympischen Sommerspiele 2008 errichtet.

BEIJING, 2006

规范
服务

Die Modernisierung

Weder Bilder noch Worte können das Ausmaß der Modernisierung und gesellschaftlichen Veränderungen, die seit drei Jahrzehnten in China stattfinden, angemessen beschreiben. Selbst die Statistiken, bevorzugtes Instrument des revolutionären Wandels im Reich der Mitte, sind kaum in der Lage, einen Eindruck von dem beispiellosen materiellen Fortschritt zu vermitteln, den der ostasiatische Riese verzeichnet, seit er 1976 aus dem Albtraum der Kulturrevolution erwachte. In den rund dreißig Jahren nach der Abkehr vom radikalen Kommunismus ist das Pro-Kopf-Einkommen um das Zwölffache gestiegen, sind mehr als einhundertfünfzig Millionen Bauern in die Städte abgewandert und wurden Schätzungen zufolge vierhundert Millionen Menschen aus bitterster Armut befreit. Die Verbesserung des Lebensstandards vollzog sich so rapide, dass ein Volk, das noch vor dreißig Jahren mit zweitausend Kalorien am Tag auskommen und ein Dasein am Rande des Existenzminimums fristen musste, heute mit einer Fettleibigkeitsepidemie zu kämpfen hat.

Wirtschaftswachstum und die Öffnung zur Außenwelt, der Zwillingsmotor, der China in das Zeitalter der Moderne katapultiert, haben die individuellen Freiheiten und Wahlmöglichkeiten auf eine Weise erweitert, die sich wohl niemand erträumt hätte, der sich noch an Mao Zedongs Todestag erinnert (9. September 1976). Unter Maos Regime war das Land vom Rest der Welt abgeschottet; Sender wie BBC oder VOA (Voice of America) zu hören galt als Verbrechen, das mit Gefängnis bestraft wurde; Reisen in den Westen waren undenkbar; der Besitz eines Privattelefons war ein Privileg der Führungselite; und was die Mode anging, so durften die Chinesen alles tragen, was sie wollten, solange es eine dunkelblaue Mao-Jacke war, um es in den Worten Henry Ford's zu sagen. Danach brach eine neue Zeit an. Heute rühmt sich China des weltweit größten Telefonnetzes (2006 waren es etwa achthundert Millionen Handy- und Festnetzkunden); einhundertvierzig Millionen Chinesen surfen im Internet; eine halbe Million Chinesen studiert im Westen und zweiunddreißig Millionen reisten allein 2006 geschäftlich oder privat ins Ausland. Heute würde ein chinesischer Parteifunktionär eher tot umfallen, als sich mit einer Mao-Jacke erwischen zu lassen; die bevorzugte Kleidung ist mittlerweile Gucci oder Armani.

China befindet sich überdies inmitten einer neuen Kulturrevolution. Trotz der beharrlichen, wenn auch wahllosen Regierungskontrollen erleben die schönen Künste, Film, Fernsehen und Literatur eine Renaissance. Sie haben die revolutionären Lieder und Opern, während der Mao-Ära die einzige dem chinesischen Volk zugängliche Unterhaltung, nach und nach ersetzt. Auf der globalen Bühne haben chinesische Filme wie »Lebewohl, meine Konkubine«, »Rote Laterne«, »Leben!« und »Beijing Bicycle« die ausländischen Kritiker zu wahren Lobeshymnen hingerissen und Kinobesuchern im Westen die Chance geboten, die neue kulturelle Freiheit der Chinesen hautnah mitzuerleben. Chinesische Maler, früher in ihrem Schaffen auf die Verherrlichung des Sozialismus beschränkt, stellen nun kühne experimentelle Werke in Paris und New York aus – und heimsen Preise und Auszeichnungen ein, von denen ihre Vorgänger nicht einmal zu träumen gewagt hätten.

Natürlich ist der kulturelle Austausch keine Einbahnstraße. Der Einfluss der westlichen Kultur, kulturelle Importe von Chinas unmittelbaren Nachbarn eingeschlossen, ist nachhaltig. Science-Fiction-Serien aus Amerika, historische Dramen aus Südkorea, Modenschauen aus Mailand, die Oscarverleihungen und die Spiele der amerikanischen Basketball-Profiliga (NBA) gehören zu den beliebtesten Fernsehsendungen in China. In den Straßen von Shanghai und Beijing sind Raubkopien der neuesten Hollywoodfilme für einen Dollar erhältlich (obwohl die chinesischen Untertitel so schlecht übersetzt sind, dass man sich fragt, ob die einheimischen Kunden überhaupt etwas von der Handlung verstehen können). Selbst Rockmusik aus dem Westen, einst als Inbegriff kapitalistischer Dekadenz verteufelt, hat einen beachtlichen Anteil der jungen Bevölkerung in China erobert. Mao würde sich mit Sicherheit in seinem Grab umdrehen.

Vorhergehende Seiten
ALESSANDRO DIGAETANO
Zhang Xiaogang, einer der bekanntesten Künstler in China, bei der Arbeit in seinem Atelier.
BEIJING, 2007

Allein die physische Verwandlung Chinas ist atemberaubend. Vor dreißig Jahren gab es keine Schnellstraßen und nur eine Handvoll Hochhäuser. Das vorherrschende urbane Fortbewegungsmittel war das Fahrrad. Heute hat China das zweitgrößte Superautobahnnetz der Welt. Die chinesischen Metropolen unterscheiden sich in nichts von ihren westlichen Entsprechungen: Verkehrsstaus im Innenstadtbereich, Neonlichter machen die Nacht zum Tag und funkelnde Hochhäuser beherrschen die Skyline. Doch der Ansturm auf den Wohlstand hat im Reich der Mitte gerade erst begonnen. Fabriken, Häfen, Kraftwerke, Eisenbahnen, Wahrzeichen einer modernen Volkswirtschaft, werden so schnell aus dem Boden gestampft, dass China jedes Jahr einen geschätzten Zuwachs von der Größe Philadelphias (die sechstgrößte Stadt in den USA) plus Ausläufer zu verzeichnen hat.

Niemand konnte den »neuen Großen Sprung nach vorn« voraussehen, der China in den letzten dreißig Jahren gelang. Umfragen zufolge gehören die Chinesen heute zu den Menschen, die weltweit die größten Hoffnungen in Bezug auf ihre Zukunft hegen. Der an Besessenheit grenzende Ehrgeiz, vor allem in der jüngeren Generation, besteht nicht länger darin, Maos Klassenkampf fortzusetzen, sondern im Markt des globalen Kapitalismus auf der Überholspur zu bleiben.

Die Zukunft gehört China, wie es scheint. Oder?

Nimmt man die atemlose Medienberichterstattung Chinas über den eigenen Aufstieg für bare Münze, entgeht einem die Kehrseite der fieberhaften Modernisierungsbestrebungen. Trotz aller Leistungen seit Ende der 1970er-Jahre hat China noch einen weiten Weg vor sich, um das altüberlieferte kollektive und hochgesteckte Ziel zu realisieren, eine nach allen Maßstäben starke und wohlhabende Nation zu werden. Ungeachtet des rasanten zweistelligen Wachstums, mit dem es Jahr für Jahr aufzuwarten vermag, ist China nach wie vor ein Entwicklungsland mit einem Pro-Kopf-Einkommen von zweitausend Dollar (ein Zwanzigstel des US-Niveaus). Mehr als vierzig Prozent der Bevölkerung, überwiegend Bewohner entlegener, trostloser Dörfer, müssen mit weniger als zwei Dollar am Tag auskommen und warten noch darauf, in den vollen Genuss des neuen Wohlstands zu gelangen. Abseits der größten Touristenattraktionen und boomenden Großstädte, mangelt es ihnen an sauberem Trinkwasser und einer grundlegenden Gesundheitsvorsorge. Jeder Schicksalsschlag – Krankheit, Naturkatastrophen und andere Widrigkeiten – droht sie in tiefstes Elend zu stürzen.

Noch problematischer ist, dass die Modernisierung neue Spannungen und Zwänge schafft, die das Netz sozialer Strukturen zerreißt. Statt regionale Unterschiede und Ungleichheiten zwischen Stadt und Land zu beseitigen, hat Chinas kometenhafter Aufstieg die Schere erweitert, vor allem in den 1990er-Jahren. In den Anfangsphasen der Reform, während der 1980er-Jahre, dienten ausgewogene Entwicklungsstrategien dazu, die Früchte des ökonomischen Wachstums gleichmäßiger zu verteilen. Doch in den letzten eineinhalb Jahrzehnten haben regierungspolitische Maßnahmen (Bevorzugung von kapitalintensiven, langfristigen Investitionen, Vernachlässigung der Landwirtschaft und zu geringe Investitionen in Sozialeinrichtungen), der Wiederaufbau der Industrie, verbesserte Leistungsanreizsysteme für Fachkräfte und Unternehmer und die Konzentration der Wirtschaftsentwicklung in den Küstenregionen dazu beigetragen, die Kluft zwischen Küste und Inland, Stadt und Land, Reich und Arm zu vertiefen. Heute hat ein Stadtbewohner einschließlich staatlicher Beihilfen zu Gesundheitsvorsorge, Miete und Ausbildung im Durchschnitt das Sechsfache des Einkommens, über das ein Landbewohner verfügt – in keinem anderen Land der Welt ist das Gefälle zwischen Stadt und Land so groß. Selbst in den urbanen Regionen leben mehr als zwanzig Millionen Menschen, vor allem Arbeitslose und Arbeitsunfähige, unterhalb der Armutsgrenze. Die Einkommensunterschiede, die in China Ende der 1970er-Jahre außerordentlich gering waren, nähern sich nun lateinamerikanischem Niveau an.

Zwangsläufig kommen den Chinesen selbst Zweifel, ob der neue Wohlstand sich mit einer gerechten Gesellschaft vereinbaren lässt.

Diejenigen, die sich über Chinas Kurs den Kopf zerbrechen, müssen nicht lange suchen, um Anzeichen für wachsende soziale Ungleichheit und Ungerechtigkeit zu entdecken. Warum, könnte man sich fragen, hat China die teuerste Formel-Eins-Rennstrecke der Welt gebaut, aber nur zehn Prozent der Bevölkerung eine Gesundheitsversicherung ermöglicht? Wie kommt es, dass China etliche Milliarden Yuan in Prestigeprojekte investiert, die das Image der lokalen Parteifunktionäre aufpolieren, aber beschlossen hat, auf eine kostenlose Grundschulausbildung, die allen zugute käme, zu verzichten? Warum werden arme Bauern auch weiterhin von den Lokalregierungen ohne angemessene Entschädigung »enteignet«, um Einkaufszentren der Luxusklasse und Fabriken zu errichten, die die Umwelt verschmutzen? (Heute beläuft sich die Anzahl landloser Bauern auf über vierzig Millionen – mehr als die gesamte Bevölkerung Polens.) Und was hat eine Kopie des Schlosses von Versailles, im Besitz eines Wirtschaftstycoons befindlich, in Changsha zu suchen, einen Steinwurf von Maos Geburtsort entfernt? Warum hat sich China zum größten Markt für Bentley entwickelt, wo frischgebackene Milliardäre siebzig der zweihundert im Jahr 2003 verkauften Ultraluxuskarossen zum Preis von je zweihundertfünfzigtausend US-Dollar erworben haben? Wie lässt sich das mit den herzzerreißenden Geschichten von Bauern in Einklang bringen, die ihrem Leben ein Ende gesetzt haben, weil sie die schulische Ausbildung ihrer Kinder nicht bezahlen konnten?

Was ist, anders ausgedrückt, mit China geschehen?

Diese Frage schließt die vielen Facetten des Landes ein, die auf dem rasanten Weg in die Moderne sowohl zerstört als auch geschaffen werden. Fraglos war das maoistische China ein totalitärer Albtraum. Niemand sollte ihm eine Träne nachweinen. Doch der Aufbau eines neuen China hat so viel gesellschaftliche Entwurzelung, Stress und Desillusionierung in der Bevölkerung hervorgerufen, dass sich viele Menschen nach der Mao-Ära zurücksehnen. Porträts des verstorbenen Diktators, der für die größte Hungersnot in der Geschichte der Menschheit verantwortlich war, tauchen allenthalben wieder auf. Viele Restaurants tischen Gerichte mit der Bezeichnung »Lieblingsessen des Vorsitzenden Mao« auf (das beliebteste ist extrafettes Schweinefleisch, in Sojasoße gedünstet). Natürlich spielen dabei kommerzielle Interessen an der Ausbeutung der geheimnisvollen Aura des verstorbenen Tyrannen mit; schließlich ist es unmöglich, in einem Land, in dem man es mit dem Respekt vor dem geistigen Eigentum nicht so genau nimmt, das Markenzeichen Mao zu schützen. Dennoch lässt sich der wachsende Zulauf der maoistischen Linken, der keineswegs auf eine kleine Gruppe Intellektueller beschränkt ist, nicht einfach als vorübergehende Kursabweichung abtun.

Die soziale Unzufriedenheit ist auf fruchtbaren Boden gefallen und entlädt sich im heutigen China in zunehmender Gewalt. Tag für Tag werden mehr als zweihundert Krawalle und kollektive Protestkundgebungen mit durchschnittlich fünfzig Teilnehmern aktenkundig. Die Verbrechensquote steigt. Die reichenfeindliche Rhetorik ist in Mode gekommen, weil die Chinesen der Überzeugung sind, dass die Wohlhabenden ihr Vermögen durch Korruption erworben haben. Obwohl diese sozialen Unruhen und aufkeimenden linkspopulistischen Tendenzen Einzelfälle sind und keinen landesweiten politischen Aufruhr entfacht haben, sind sie symptomatisch für tiefer verwurzelte politische Missstände, die von der chinesischen Führung ignoriert werden. Die meisten Angehörigen der führenden Eliten glauben, dass es sich dabei nur um »Wachstumsschmerzen« handelt, nach dem Motto: Wo gehobelt wird, fallen Späne.

Falls China die derzeitige Strategie der »Modernisierung um jeden Preis« beibehält, stellt sich jedoch die Frage, ob der Preis letztendlich noch zahlbar ist. Nicht nur politisch, wenn sich die sozialen Kosten einer solchen Strategie irgendwann als untragbare Last für die Bevölkerung entpuppen, sondern auch ökonomisch, weil die akkumulierte Vernachlässigung des sozialen Bereichs, die politischen Zwänge und die Verschlechterung der Umwelt das Land mehr und mehr seiner Dynamik berauben und den Modernisierungsprozess ausbremsen.

Das pessimistische Szenario mag an das tragische Scheitern der ersten Reformer-Generation in China erinnern – die Mandarine der untergegangenen Qing-Dynastie. Vor mehr als einem Jahrhundert hielten sie sich an das Dogma *zhongxue weiti xixue weiyong* (»In China lernt man, um zu lernen; im Westen lernt man wegen des praktischen Nutzens«) und übersahen dabei die enge Verbindung zwischen der wirtschaftlichen Modernisierung und den institutionellen und kulturellen Basisstrukturen der westlichen Zivilisation. Die frühen chinesischen Reformer glaubten, um China in die Moderne zu führen, reiche es aus, westliche Technologien zu erwerben, ohne die dazugehörigen Institutionen, Werte oder politischen Systeme einzuführen. Die Geschichte bewies, dass diese Annahme ein katastrophaler Irrtum war.

Die zeitgenössischen chinesischen Reformer scheinen die Fehler der Vergangenheit zu wiederholen, wenngleich in einem erheblich größeren Maßstab. Interessanterweise weist die dominierende Denkweise der herrschenden Elite heute bemerkenswerte Ähnlichkeiten mit der ihrer Vorgänger am Ende der Qing-Periode auf. Solange China doppelstellige Wachstumsquoten liefern und die Modernisierung der Wirtschaft auf Kurs halten kann, argumentiert man in Beijing, lassen sich alle anderen Probleme lösen. Die Protagonisten dieser Anschauung erklären mit Nachdruck, dass nur ein dominanter Staat und ein Einparteiensystem imstande sind, Ressourcen zu mobilisieren, nationale Prioritäten zu setzen und die soziale Ordnung aufrechtzuerhalten. China brauche keine politische Modernisierung (d.h. demokratische Reform), um erfolgreich zu sein. Schon der verstorbene Deng Xiaoping, vielleicht der größte Reformer der Geschichte, habe vor der Einführung einer Demokratie und Mehrparteienpolitik gewarnt, die das Land in ein Chaos stürzen und den Modernisierungsprozess abrupt zum Stillstand bringen würde.

Chinas erstaunlicher wirtschaftlicher Fortschritt seit 1978, unter der Einparteienherrschaft realisiert, scheint die autoritäre Doktrin zu rechtfertigen. Zugegeben, die chinesische Regierung darf mit Recht stolz auf ihre Leistungen sein: Es ist ihr gelungen, die Marktreformen zu fördern, ausländische Investitionen ins Land zu holen und die schlimmste Armut zu lindern. Doch ihr Widerstand gegen politische Reformen – die Einführung des Rechtsstaatsprinzips, die Mitwirkungsmöglichkeiten einer zunehmend pluralistischen Gesellschaft an der Gestaltung ihrer Lebenswelt und die Forderung nach Reaktionsbereitschaft und Rechenschaftspflicht von Regierungsvertretern gegenüber einer breiten Öffentlichkeit – verschlimmert viele der sozialen Probleme, an denen China krankt. Solange die chinesischen Regierungsvertreter dafür belohnt werden, die »Hardware« – Straßen, Fabriken und Einkaufszentren – zulasten der »Software« – der Investitionen in soziale Einrichtungen – aufzubauen, werden öffentliche Gesundheit, Schulbildung und Umwelt das Nachsehen haben. In Abwesenheit einer umfassenden Pressefreiheit und einer lebendigen Gesellschaft mit mündigen Bürgern lassen sich Korruption auf Parteiebene und Machtmissbrauch kaum eindämmen.

Zum Glück ist die chinesische Führung nicht blind gegenüber den wachsenden sozialen Spannungen; das geht aus dem Aufruf zur Entwicklung einer »harmonischen Gesellschaft« nach konfuzianischem Muster und den Reformen jüngeren Datums hervor, die darauf abzielen, die Lebensbedingungen der am stärksten Benachteiligten zu verbessern. Es bleibt jedoch unklar, ob sie die Bereitschaft aufbringt, sich der Herausforderung einer echten politischen Reform zu stellen.

Das Fazit ist: Wir staunen über die spektakulären wirtschaftlichen Fortschritte und sozialen Veränderungen des chinesischen Volkes in den letzten drei Jahrzehnten, fühlen uns aber gleichzeitig verunsichert, welchen Kurs die Regierung weiterhin einschlagen wird. Wir können nur hoffen, dass China mit ein wenig Glück und einer guten Führung die gewaltigen Hürden zu überwinden vermag, die vor ihm liegen – soziale Ungleichheit, Belastung der Umwelt, finanzielle Turbulenzen und brodelnde soziale Unzufriedenheit. Ein China, dem die Modernisierung gelingt, ist eine Bereicherung. Ein China, das an seinen Reformvorhaben scheitert, stellt eine Bedrohung für den globalen Frieden und Wohlstand dar.

SAMUEL BOLLENDORFF

Dinnerparty im G's Club anlässlich der Eröffnung der Contrasts Gallery

SHANGHAI, 2007

SAMUEL BOLLENDORFF

Blick vom Jin-Mao-Turm auf das neue Pudong-Geschäftsviertel

SHANGHAI, 2007

CHARLES OMMANNEY

Ein chinesischer Michael-Jackson-Doppelgänger posiert für Besucher auf dem Tian'anmen Platz.

BEIJING, 2006

Oben
KEVIN LEE
Souvenirs mit Mao-Porträt sind überall dort erhältlich, wo sich Touristen einfinden.
BEIJING, 2001

Unten
GILLES SABRIÉ
In der Arbeiterklasse wird Mao immer noch verehrt; Fehler und Missstände werden seinem Gefolge angelastet.
BEIJING, 2003

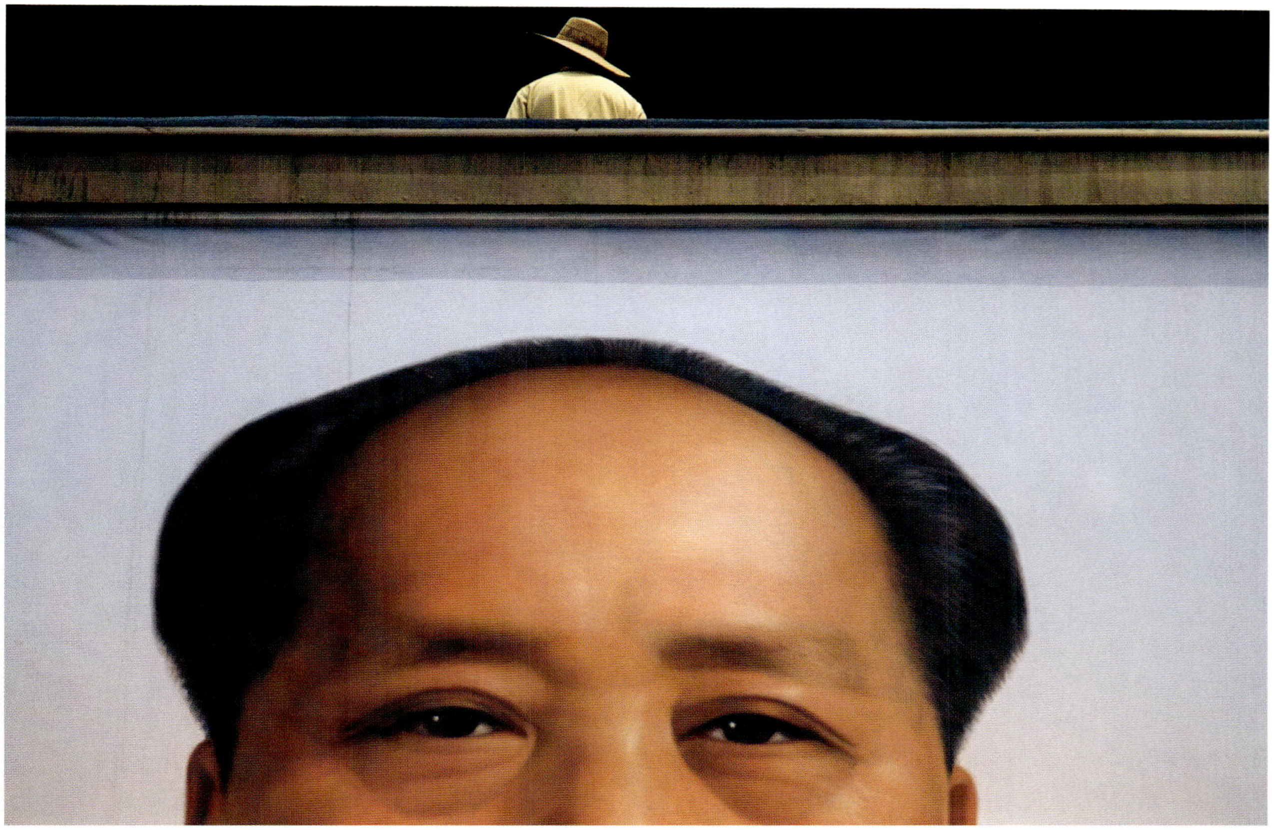

Oben

JODI COBB

Ein riesiges Plakat von Mao Zedong hängt am Tor des himmlischen Friedens, einem der Eingänge zur Verbotenen Stadt.

BEIJING, 1981

Unten

MICHAEL S. YAMASHITA

Politische Plakate mit Mao-Zedong-Slogans hängen an den Wänden der Parteizentralen.

ZHOUCHENG, PROVINZ YUNNAN, 1991

GILLES SABRIÉ

Mitarbeiter eines Warenhauses befestigen einen Spiegel an einer Geschäftsstraße.

BAOTOU, INNERE MONGOLEI, 2006

Provinzen im Wandel: Die Welle der Modernisierung und des Konsums hat das Innere Chinas erreicht – und verändert. Wie verlautet, sollen die weniger entwickelten Provinzen im Inland den Küstenregionen noch immer weit hinterherhinken, was Mode, Freizeit, Unterhaltung und Verbrauch betrifft. Doch sie holen schnell auf – dank des steigenden Lebensstandards, der Verbreitung des Fernsehens, der kulturellen Einflüsse aus dem Ausland und des privaten Unternehmertums, das sich nicht unterdrücken lässt. Seit Anfang der 1990er-Jahre hat die Marktliberalisierung und massive Verbesserung der physischen und Telekommunikations-Infrastruktur diesen zuvor isolierten und verarmten Regionen eine gleichermaßen gedeihliche Entwicklung ermöglicht. Die Auswirkungen auf die Lebensqualität der Durchschnittsbewohner in diesen Gebieten sind umwälzend. Früher konnten sich nur wenige Konsumgüter oder Reisen leisten, ganz zu schweigen von Luxusgütern wie Farbfernseher oder ein eigenes Auto für den Privatgebrauch. Heute besitzen sie nicht nur die üblichen Haushaltsgeräte, sondern hoffen auch, bald den gleichen Lebensstil wie ihre Landsleute an der Küste genießen zu können. Die jüngere Generation hat ihre Ziele noch höher gesteckt. Für sie ist der Einfluss der westlichen Kultur, angefangen bei Popsongs bis zu Kinofilmen, zu »cool«, um widerstehen zu können. Doch das historische, kulturelle und politische Vermächtnis der Vergangenheit ist nicht ausgelöscht. In diesen Regionen führen das Alte und das Neue, das Statische und das Dynamische eine heikle Koexistenz. M.P.

MICHAEL WOLF

Ein Stuhl steht auf einer Grünfläche mit Blick auf eine Satellitenstadt.

HONGKONG, 2003

MICHAEL WOLF

In ihr feinstes Kunstleder gekleidet, kehren zwei junge Mädchen zum Neujahrsfest in ihr Heimatdorf zurück.

PROVINZ FUJIAN, 2003

DAVID BUTOW

Die Hainen-Street im jüdischen Viertel von Shanghai

SHANGHAI, 2006

DAVID BUTOW

Alte Männer treffen sich in einer der kleinen »Wasserstädte« westlich von Shanghai.

WUZHEN, PROVINZ ZHEJIANG, 2006

ALEX MAJOLI

Eine Frau bietet Massagen an.
SHENZHEN, PROVINZ GUANGDONG, 2003

Arm und Reich: Obwohl zunehmende Einkommensungleichheiten in schnell wachsenden Gesellschaften üblich sind, ist das Tempo, mit dem sich die Kluft zwischen den Begüterten und den Mittellosen in China seit den 1980er-Jahren verbreitert, beispiellos. Schätzungen zufolge ist dieses Einkommensgefälle in den vergangenen dreißig Jahren um fünfzig Prozent gestiegen. Die neuen Reichen stellen ihren Wohlstand durch auffälligen Konsum zur Schau – sie fahren ausgefallene Autos, tragen teure italienische Anzüge und leben in Luxusvillen. Die Armen haben im Vergleich dazu gelitten. Chinas soziales Sicherheitsnetz, das nie besonders großzügig strukturiert war, hat sich seither noch verschlechtert. Das Einkommen der ungelernten Wanderarbeiter, manuellen Arbeiter und entlassenen Fabrikarbeiter stagniert oder geht zurück, während die Einkommen der Fachkräfte, Regierungsangehörigen und Mitarbeiter in staatlich kontrollierten Monopolunternehmen beträchtlich gestiegen sind. Obwohl China schneller als andere Länder Milliardäre hervorbringt, hat sich die Fähigkeit des Landes, die Armut wirksam zu bekämpfen, seit Ende der 1980er-Jahre nicht verbessert. Doch die chinesische Regierung klammert sich weiterhin an eine öffentliche Ordnung, die den Trend zum Ungleichgewicht noch verstärkt. Beijing erhebt keine Kapitalgewinn- oder Erbschaftssteuer von den Reichen, lässt aber die Armen für Gesundheitsfürsorge und Ausbildung zahlen. Es überrascht wohl nicht, dass diese Ungleichheit inzwischen zum brisantesten Thema in China geworden ist.
M.P.

FRITZ HOFFMANN

Wang Bin protestiert gegen die Weigerung der Regierung, eine angemessene Entschädigung für die Aufgabe seines Grundstücks zu bezahlen.

DALIAN, PROVINZ LIAONING, 2005

JULIA CALFEE

Herr Lee, Innenausstatter und Besitzer von Classical Furniture, sitzt auf der Kopie eines französischen Empire-Sofas.

BEIJING, 2005

PATRICK ZACHMANN

Ein älteres Ehepaar, das seit dreißig Jahren in einem traditionellen *hutong* wohnt (Hofhäuser in einer engen Gasse), wartet auf seine Umsiedlung.
BEIJING, 2004

Umsiedlung: Als die Volksrepublik China 1949 gegründet wurde, erklärte der Vorsitzende Mao Zedong, das Land gleiche einem unbeschriebenen Blatt, auf dem ein neues Bild nach eigenem Gutdünken gezeichnet werden könne. Doch das war bestenfalls eine poetische Übertreibung. Mao regierte das Land nach eigenem Gutdünken, mit katastrophalen Folgen. Heute befindet sich die chinesische Gesellschaft inmitten einer ökonomischen Revolution, die zwar weniger fatal, aber nicht minder umwälzend ist als Maos Klassenkampf. Die kommerzielle Entwicklung verschlingt buchstäblich ganze Wohnviertel und reißt langjährige Sozialgemeinschaften auseinander. Viele Stadtbewohner sehen sich gezwungen, ihre Häuser zu verlassen, um Platz für neue Immobilien zu machen. In manchen Fällen schrecken die lokalen Regierungsvertreter nicht einmal davor zurück, Kriminelle anzuheuern, um Residenten, die sich weigern, ihr Haus weit unter Marktwert zu »verkaufen«, durch Drohungen und Gewaltanwendung zur Umsiedlung zu bewegen. Der boomende Immobiliensektor und die urbane Entwicklung haben eine handverlesene Gruppe von Tycoons mit guten Verbindungen unglaublich reich gemacht, jedoch auf Kosten der vielen stimmlosen, gewöhnlichen Sterblichen. Besucher aus dem Westen, die Bewunderung für die imposanten Wolkenkratzer in chinesischen Großstädten empfinden, wissen oft nichts von dem menschlichen Tribut, den der hemmungslose Kapitalismus der chinesischen Gesellschaft abverlangt. M.P.

PATRICK ZACHMANN

Ein Ehepaar bereitet eine Mahlzeit in seinem alten Haus im Zentrum von Beijing zu.

BEIJING, 2004

PATRICK ZACHMANN

Oben

Die Vögel haben die beiden bei ihrem Umzug in eine neue Wohnung begleitet.

BEIJING, 2004

Unten

Das Paar wurde in den Zhaogongkou-Distrikt umgesiedelt, unweit der 4. Ringstraße.

BEIJING, 2004

JULIA CALFEE

Hochzeitsfeier im Château Laffitte, einem Luxushotel

BEIJING, 2005

Privilegien: Für diejenigen, die es in Chinas Übergangswirtschaft zu Wohlstand gebracht haben, wie einige Privatunternehmer, Fachkräfte und Regierungsangehörige, lässt das Leben nichts zu wünschen übrig. Konsumgüter, selbst teure ausländische Importe, sind heute allen zugänglich, die bereit und in der Lage sind, dafür zu zahlen. Das berüchtigte Rationierungssystem ist nur noch eine ferne Erinnerung. Doch wachsender Wohlstand und Konsumwahn schaffen Lebenswelten in China, die unvereinbar sind. Einige kulturelle Importe – Haarfrisuren, Mode oder Architektur – fügen sich schlecht in die lokalen Bräuche oder Gegebenheiten ein. Solche Überlegungen sind offenbar überflüssig für alle, die ihre neuen Freiheiten, ökonomischen Chancen und den materiellen Erfolg in vollen Zügen genießen. In der älteren Generation scheint die Erinnerung an die Entbehrungen unter der radikalen Herrschaft des Maoismus noch überaus präsent zu sein, doch jede Aufforderung zur Mäßigung ist angesichts des kapitalistischen Ansturms müßig. Die jüngere Generation, denen Begriffe wie »Kulturrevolution« oder »der Große Sprung« fremd sind, betrachtet das gute Leben als selbstverständlich. Wer könnte es ihnen verdenken? Vom Sozialdarwinismus durchdrungen, sind die Privilegierten in China fest überzeugt, nur das zu bekommen, was ihnen zusteht. M.P.

缘

MARK LEONG

Im Bokai Intelligence and Capability Kindergarten in Beijing ist Golfspielen Pflichtfach; die Eltern wollen damit die Fähigkeit ihrer Kinder verbessern, Beziehungsnetzwerke zu knüpfen.

BEIJING, 2004

MARK LEONG

Ein vierzehnjähriger Junge wird im Aimin Fat Reduction Hospital wegen seiner Fettleibigkeit behandelt.

BEIJING, 2004

SAMUEL BOLLENDORFF

Ausgestellte Torten in einem Supermarkt

BEIJING, 2007

DAVID BUTOW

Junge Frauen beim Vorführen von Brautkleidern

SHANGHAI, 2006

FWB

DAVID BUTOW

Eine »X Games«-Extremsport-Demonstration mit Wettbewerb wird in einem Park an der Nordseite der Stadt durchgeführt.

SHANGHAI, 2006

FRITZ HOFFMANN

Im Vogue-Nachtclub unterhält ein Sänger das Publikum, während ein Barmädchen in der ausschließlich Mitgliedern vorbehaltenen Lounge auf Kunden wartet.

SHANGHAI, 2001

Popkultur: Es wurde oft behauptet, dass die chinesische Regierung nach dem Zusammenbruch der prodemokratischen Bewegung, die 1989 auf dem Platz des Himmlischen Friedens ein gewaltsames Ende fand, eine stillschweigende »Übereinkunft« mit dem chinesischen Volk einging: Solange die Autorität der Kommunistischen Partei nicht infrage gestellt wird, soll es nie da gewesene persönliche Freiheiten erhalten, was das Erschließen neuer Einkommensquellen und das Experimentieren mit neuen Lebensstilen betrifft. Es liegt auf der Hand, dass es keine Möglichkeit gibt, nachzuprüfen, ob ein solcher Handel tatsächlich abgeschlossen wurde. Doch oberflächlich betrachtet scheint sich die Regierung an diese »Abmachung« zu halten. Persönliche Freiheiten – und nicht politische Rechte – sind in China heute überall gang und gäbe. Westliche Kinofilme, Musik, Malerei und Unterhaltung, Anfang der 1980er-Jahre als »geistiger Unrat« gebrandmarkt, sind überall zugänglich und sehr beliebt. Viele Chinesen machen sich inzwischen unverhohlen Sorgen, dass die westliche, vor allem die amerikanische Popkultur Chinas eigenes reiches kulturelles Erbe zerstören könnte. Es mag ein weiteres halbes Jahrhundert dauern, bis China den Westen auf allen Gebieten eingeholt hat. Doch als Verbraucher und Popkultur-Anhänger kann man die junge chinesische Generation schon jetzt kaum noch von den westlichen Jugendlichen unterscheiden. Dagegen ist nichts einzuwenden. Die Frage ist nur, ob diejenigen, die persönliche Freiheiten als selbstverständlich betrachten, eines Tages nicht auch ihre politischen Rechte einfordern werden. M.P.

STÉPHANE REMAEL

Betuchte Besucher vor dem Nachtclub MIX im Chaoyang-Distrikt.

BEIJING, 2006

MATIAS COSTAS

Eine junge Frau probiert Make-up in der Kosmetikabteilung eines Einkaufszentrums im Geschäftsviertel.

BEIJING, 2006

特福克斯全新上市
Ford
EXPRESS
REPAIR
ESSENCE

JEFF JACOBSON

Verkaufsförderungsaktion für Za-Kosmetik vor dem Parkson-Kaufhaus.

SHANGHAI, 2005

MARK LEONG

Im Ausstellungsraum von Heyu Shoe Materials Co. findet man Sohlen und Absätze, die an heimische und ausländische Firmen verkauft werden.

WENZHOU, PROVINZ ZHEJIANG, 2006

NINA BERMAN
Eine gestylte junge Frau verlässt eine Modenschau im Dolce & Gabbana-Outfit.
BEIJING, 2006

MARK LEONG

Die 520 Virtual Game World gehört mit ungefähr dreihundertfünfzig Computer-Terminals zu den größten Internetcafés der Stadt.

BEIJING, 2004

MARL LEONG

Besucher eines Autokinos schauen sich »Der Herr der Ringe: Die Rückkehr des Königs« an.

BEIJING, 2006

TONY LAW

Szene unter einer Autobahn-Überführung

GUANGZHOU, PROVINZ GUANGDONG,
2002

SAMUEL BOLLENDORFF

Zwei junge Mädchen gehen an einer Anschlagtafel vor einer Baustelle vorbei.

BEIJING, 2006

GILLES SABRIÉ

Das Gesicht des Vorsitzenden Mao spiegelt sich auf dem Glasgehäuse eines Notebooks wider. Touristen können sein Elternhaus besichtigen.
CHANGSHA, PROVINZ HUNAN, 2006

Fotonachweis

SCHUTZUMSCHLAG VORNE, Daniele Mattioli/Anzenberger; BUCHRÜCKEN, Gilles Sabrié; SCHUTZUMSCHLAG HINTEN Aniu/Agence Vu; 2-3, Sebastião Salgado/Contact Press Images; 4, Aniu/Agence Vu; 6-7, Charles Ommanney/Contact Press Images; 8-9, Merl La Voy/NGS Archives; 10-11, Mark Henley/Panos Pictures; 12-13, Raymond Gehman/NGS Image Collection; 14-15, David Butow; 20-21, Fernando Moleres/Panos Pictures; 26-27, Michael Yamashita/NGS Image Collection; 28-29, Macduff Everton; 30-31, Burt Glinn/Magnum Photos; 32, George Gerster/Rapho; 33, Robert Glenn Ketchum; 34-35, Reinhold Messner/NGS Image Collection; 36-37, David Butow/Redux Pictures; 38-39, Robert Glenn Ketchum; 40, Samuel Bollendorff/Oeil Public; 41, Fritz Hoffmann/NGS Image Collection; 42-43, David Butow/Redux Pictures; 44, Michael Wolf/laif/Redux Pictures; 45, Daniele Mattioli/Anzenberger; 46-47, Macduff Everton; 48-49, Paul Chesley/Still Media; 50-51, Ian Berry/Magnum Photos; 52, Edward Burtynsky; 53, Edward Burtynsky; 54 (UP), James Whitlow Delano/Redux Pictures; 54 (LO), James Whitlow Delano/Redux Pictures; 55 (UP), James Whitlow Delano/Redux Pictures; 55 (LO), James Whitlow Delano/Redux Pictures; 56-57, Alessandro Digaetano/Polaris; 58, Sharron Lovell/Polaris; 59, Sharron Lovell/Polaris; 60, REZA; 61, REZA; 62-63, Benoit Aquin/Polaris; 64, Alessandro Digaetano/Polaris; 65, Alessandro Digaetano/Polaris; 66-67, Benoit Aquin/Polaris; 68-69, Hiroji Kubota/Magnum Photos; 74-75, Henri Cartier-Bresson/Magnum Photos; 76, Hiroji Kubota/Magnum Photos; 77, Rue des Archives/The Granger Collection, NY; 78-79, NGS Archives; 80, NGS Archives; 81, W. Robert Moore/NGS Archives; 82, NGS Archives; 83, NGS Archives; 84-85, Siukee Maak/NGS Archives; 86, Chinese News Service/Paul Guillumette, Inc./NGS Archives; 87, Alfred T. Palmer/NGS Archives; 88-89, CORBIS; 90, Hulton-Deutsch Collection/CORBIS; 91 (UP), AP Wide World Photos; 91 (LO), AP Wide World Photos; 92, Merl La Voy/NGS Archives; 93, Time & Life Pictures/Getty Images; 94, Robert Capa/Magnum Photos; 95, Henri Cartier-Bresson/Magnum Photos; 96, Henri Cartier-Bresson/Magnum Photos; 97, Henri Cartier-Bresson/Magnum Photos; 98, Hulton-Deutsch Collection/CORBIS; 99, Dmitri Kessel/Time Life Pictures/Getty Images; 100-101, Owen Lattimore, courtesy Peabody Museum of Archaeology and Ethnology, Harvard University - Lattimore Foundation; 102, Li Zhensheng/Contact Press Images; 103, Wu Yinxian/Magnum Photos; 104, Li Zhensheng/Contact Press Images; 105, Jacquet-Francillon/AFP/Getty Images; 106-107, Marc Riboud/Magnum Photos; 108, Marc Riboud/Magnum Photos; 109, Rene Burri/Magnum Photos; 110, John Dominis/Time Life Pictures/Getty Images; 111 (UP), Elliot Erwitt/Magnum Photos; 111 (LO), Kyodo News/AP Wide World Photos; 112-113, Guy Le Querrec/Magnum Photos; 114, Raymond Depardon/Magnum Photos; 115, Raymond Depardon/Magnum Photos; 116-117, Marc Riboud/Magnum Photos; 118, Peter Turnley/CORBIS; 119, Kenneth Jarecke/Contact Press Images; 120-121, Gilles Sabrié; 126-127, Paul Lowe/Panos Pictures; 128, Hiroji Kubota/Magnum Photos; 129, China Photos/Getty Images; 130-131, Michael Wolf/laif/Redux Pictures; 132, Michael Wolf/laif/Redux Pictures; 133, David Butow; 134-135, Gilles Sabrié; 136, Gilles Sabrié; 137, Gilles Sabrié; 138-139, Michael Wolf/laif/Redux Pictures; 140, Alessandro Digaetano/Polaris; 141 (UP), Alessandro Digaetano/Polaris; 141 (LO), Alessandro Digaetano/Polaris; 142, Michael Wolf/laif/Redux Pictures; 143, Michael Wolf/laif/Redux Pictures; 144-145, Justin Guariglia/CORBIS; 146, Julia Calfee/Polaris; 147, REZA; 148 (UP), Alexa Brunet/Transit; 148 (LO), Alexa Brunet/Transit; 149 (UP), Alexa Brunet/Transit; 149 (LO), Alexa Brunet/Transit; 150-151, Samuel Bollendorff/Oeil Public; 152-153, Paolo Pellegrin/Magnum Photos; 154-155, David Frank/Polaris; 156, Michael Wolf/laif/Redux Pictures; 157, Michael Wolf/laif/Redux Pictures; 158-159, Fritz Hoffmann/NGS Image Collection; 160, Mark Henley/Panos Pictures; 161, Gilles Sabrié; 162, Olivier Pin-Fat/Agence Vu; 163 (UP), Olivier Pin-Fat/Agence Vu; 163 (LO), Olivier Pin-Fat/Agence Vu; 164-165, Olivier Pin-Fat/Agence Vu; 166-167, Edward Burtynsky; 172-173, Qilai Shen/Panos Pictures; 174-175, Michael Wolf/laif/Redux Pictures; 176, Qilai Shen/Panos Pictures; 177, China Newsphoto/Reuters/CORBIS; 178-179, Julia Calfee/Polaris; 180, Sharron Lovell/Polaris; 181, Fritz Hoffmann/NGS Image Collection; 182-183, China Photos/Getty Images; 184, Alex Majoli/Magnum Photos; 185, Alex Majoli/Magnum Photos; 186-187, Gilles Sabrié; 188-189, Samuel Bollendorff/Oeil Public; 190 (UP), Samuel Bollendorff/Oeil Public; 190 (LO), Ian Teh/Agence Vu; 191 (UP), Ian Teh/Agence Vu; 191 (LO), Ian Teh/Agence Vu; 192-193, Ian Teh/Agence Vu; 194-195, Gilles Sabrié; 196, Tony Law/Redux Pictures; 197, Tony Law/Redux Pictures; 198-199, John Stanmeyer/VII; 200, Greg Girard/NGS Image Collection; 201, David Butow/Redux Pictures; 202, Patrick Zachmann/Magnum Photos; 203, Fritz Hoffmann/NGS Image Collection; 204-205, Sebastião Salgado/Contact Press Images; 206, Stéphane Remael/Oeil Public; 207, Micahel Wolf/Laif/Redux Pictures; 208-209, Daniele Mattioli/Anzenberger; 210, Mark Leong/Redux Pictures; 211, Stéphane Remael/Oeil Public; 212-213, Nina Berman/Redux Pictures; 214, Mark Leong/Redux Pictures; 215, David Butow/Redux Pictures; 216-217, Mark Leong/Redux Pictures; 218 (UP), Qilai Shen/Panos Pictures; 218 (LO), Alessandro Digaetano/Polaris; 219, Michael Yamashita/Rapho; 220-221, Alessandro Digaetano/Polaris; 222-223, Alessandro Digaetano/Polaris; 228, Samuel Bollendorff/Oeil Public; 229, Samuel Bollendorff/Oeil Public; 230-231, Charles Ommanney/Contact Press Images; 232 (UP), Kevin Lee/Newsmakers/Getty Images; 232 (LO), Gilles Sabrié; 233 (UP), Jodi Cobb/NGS Image Collection; 233 (LO), Michael S. Yamashita/CORBIS; 234-235, Gilles Sabrié; 236, Michael Wolf/laif/Redux Pictures; 237, Michael Wolf/laif/Redux Pictures; 238, David Butow; 239, David Butow; 240-241, Alex Majoli/Magnum Photos; 242, Fritz Hoffmann/NGS Image Collection; 243, Julia Calfee/Polaris; 244-245, Patrick Zachmann/Magnum Photos; 246, Patrick Zachmann/Magnum Photos; 247 (UP), Patrick Zachmann/Magnum Photos; 247 (LO), Patrick Zachmann/Magnum Photos; 248-249, Julia Calfee/Polaris; 250, Mark Leong/Redux Pictures; 251, Mark Leong/Redux Pictures; 252, Samuel Bollendorff/Oeil Public; 253, David Butow/Redux Pictures; 254-255, David Butow; 256-257, Fritz Hoffmann/NGS Image Collection; 258, Stéphane Remael/Oeil Public; 259, Matias Costa/Panos Pictures; 260-261, Jeff Jacobson/Redux Pictures; 262, Mark Leong/Redux Pictures; 263, Nina Berman/Redux Pictures; 264, Mark Leong/Redux Pictures; 265, Mark Leong/Redux Pictures; 266, Tony Law/Redux Pictures; 267, Samuel Bollendorff/Oeil Public; 268-269, Gilles Sabrié.

Die Autoren

JONATHAN SPENCE ist Sterling Professor an der *Yale University*. Er lehrt Chinesische Geschichte von ca. 1600 bis zur Gegenwart und ist Experte für westliche Vorstellungsbilder von China seit dem Mittelalter. Er ist Autor der Bücher »Die Geschichte der Frau Wang« (1987); »The Memory Palace of Matteo Ricci« (1984); »Der kleine Herr Hu« (1990); »Chinese Roundabout: Essays on History and Culture«; »Das Tor des Himmlischen Friedens« (1992); »The Chans' Great Continent: China in Western Minds« (1999); und »God's Chinese Son« (1994). Seine Forschung führt ihn oft an chinesische Universitäten.

ELIZABETH ECONOMY ist *C.V. Starr Senior Fellow* und Leiterin der *Asia Studies* im *Council on Foreign Relations*. Ihr neuestes Buch »The River Runs Black: The Environmental Challenge to China's Future« wurde 2005 mit dem Preis der *International Convention on Asia Scholars* für das beste sozialwissenschaftliche Werk ausgezeichnet. Sie schreibt für Publikationen wie »Foreign Affairs«, »The New York Times«, »The Washington Post« und »International Herald Tribune«; ihre Kommentare über die amerikanisch-chinesischen Beziehungen werden oft im Rundfunk und Fernsehen gesendet.

JOSEPH FEWSMITH ist Professor für *International Relations and Political Science* an der *Boston University*, Leiter des *East Asian Interdisciplinary Studies Program* und Autor der Bücher »Party, State and Local Elites in Republican China: Merchant Organizations and Politics in Shanghai, 1890–1930« (1985); »Dilemmas on Reform in China: Political Conflict and Economic Debate« (1994); »Elite Politics in Contemporary China« (2001); und »China since Tian'anmen: The Politics of Transition« (2001). Er hat viele Abhandlungen über die zeitgenössische Politik in China verfasst.

JAMES C. Y. WATT ist *Brooke Russell Astor* Vorsitzender des *Department of Asian Art* am *Metropolitan Museum of Art*. Watt begann seine berufliche Laufbahn am *Metropolitan Museum* 1975 als Berater für chinesische Antiquitäten und Design. Er hat zur Organisation und Gestaltung von Katalogen verschiedener Ausstellungen im *Metropolitan Museum of Art* beigetragen, darunter »East Asian Lacquer« (1991), »Splendors of Imperial China« (mit Wen C. Gong, 1996), »When Silk was Gold« (mit Anne Wardwell, 1998), »China: Dawn of a Golden Age, 200-750 AD« (2004) und »Defining Yongle: Imperial Art in the Early Fifteenth-Century China« (mit Denise P. Leidy, 2005).

JAMES MCGREGOR ist Vorstand und CEO der JL McGregor & Company LLC, einer Research- und Beratungsfirma mit Schwerpunkt China. Der ehemalige Journalist, der Mandarin spricht, sattelte zum Geschäftsmann um und lebte zwanzig Jahre in China. Er ist Autor des Buches »One Billion Customers: Lessons From the Front Lines of Doing Business in China«. Von 1987 bis 1993 war McGregor Leiter des »Wall Street Journal«-Auslandsbüros in Taiwan und von 1993 bis 2000 Leiter des Auslandsbüros in China. Derzeit ist er Mitglied des *National Committee on U.S.-China Relations*, des *International Council of the Asia Society* und verschiedener Beratergremien, die mit China in Zusammenhang stehen.

MINXIN PEI ist *Senior Associate* und als Leiter des *China Program* für das *Carnegie Endowment for International Peace* tätig. Er hat die Bücher »China's Trapped Transition: The Limits of Developmental Autocracy« (2006) und »From Reform to Revolution: The Demise of Communism in China and the Soviet Union« (1994) geschrieben.

Die Originalausgabe erschien 2007 unter dem Titel
»Inside China« bei National Geographic, Washington, D.C.

Aus dem Englischen von Ursula Bischoff

terra magica

Satz: VerlagsService Dr. Helmut Neuberger &
Karl Schaumann GmbH, Heimstetten
Herstellung: Prisma-Presse, Frankreich
Druck und Binden: DZS-Grafik, Slovenia
ISBN 978-3-7243-1011-2

www.terramagica.de